Das Bergische Land

in Märchen und Sagen

Olaf Link

Das Bergische Land in Märchen und Sagen

Wartberg Verlag

Bildnachweis:
Die Fotos in diesem Band stammen
von Christoph Link, Solingen

1. Auflage 2011

Gestaltung und Satz: Sabine Laubig, Berlin
Druck: Höhl Druck GmbH & Co.
Buchbinderische Verarbeitung: Büge, Celle

34281 Gudensberg-Gleichen, Im Wiesental 1
Telefon: 05603/9 30 50
www.wartberg-verlag.de
ISBN: 978-3-8313-2135-3

Inhalt

Die Heinzelmännchen von Kohlfurt	*10*
Die Butterhexe von Vennhausen	*16*
Ave Maria	*18*
Der kluge Schneider von Elberfeld	*20*
Die Schlebuscher Schatzgräber	*22*
Die überlisteten Mönche von Dünnwald	*25*
Der Hase zu Windeck	*28*
Der Lüderich	*31*
Wie man in Düsseldorf das Recht zu Grabe läutete	*34*
Der starke Hermel	*37*
Der kluge Schneider von Schlebusch	*43*
Der Zwerg und der Bauer	*46*
Kurfürstlicher Hunger	*48*
Die Bienen von Beyenburg	*50*
Der zwergwüchsige Remscheider	*52*

Der Hildener Kurfürst 56

Die streitenden Dörfer 58

Wie der Teufel ins Weihwasser fiel 60

Der Geiger von Monheim 62

Warum die Solinger Schleifer krumme Beine bekamen 65

Der reiche und der arme Bauer zu Kettwig 67

Der Ritt mit dem Toten 70

Die erste Obstbäuerin von Witzhelden 71

Das Wichtelmännchen aus Leichlingen 74

Der göttliche Knecht 76

Die drei faulen Burschen 78

Die alte Hexe und der künftige Dichter 79

Die dankbare Fremde 82

Gunhild 84

Der Bauer von Odenthal und die weiße Frau 89

Sankt Martin und der habgierige Müller 92

Vorwort

„Darin bewährt sich jede echte Poesie, dass sie niemals ohne Beziehung auf das Leben sein kann, denn sie ist aus ihm aufgestiegen und kehrt zu ihm zurück, wie die Wolken zu ihrer Geburtsstätte, nachdem sie die Erde getränkt habe.“

So heißt es in den Erläuterungen, die Jacob und Wilhelm Grimm ihrer erstmals 1812 publizierten Anthologie von Märchen, populär geworden unter der Bezeichnung „Grimms Märchen“, voranstellten.

Gelten Märchen heute als relativ kurze Prosa-Erzählungen, die sich an Kinder richten, so wird man deren Intention damit kaum gerecht. Als Nachrichten, im Mittelhochdeutschen „maere“ geheißen, waren Adressaten der Märchen ursprünglich nicht Kinder, sondern Erwachsene.

Bei wohl kaum einem Märchen lässt sich mit Sicherheit sagen, wann und wo genau es seinen Ursprung hat. Sie basieren zumeist auf mündlichen Überlieferungen, deren Inhalte, die sich von Generation zu Generation gewiss in Teilen veränderten, irgendwann einmal zu Papier gebracht wurden und so bis in die Gegenwart hinein dokumentiert sind.

Ein Wort, das sich in sehr vielen Märchen finden lässt, lautet „einst“. Es weist in die Vergangenheit gleichermaßen wie in die Zukunft. Man kann ebenso formulieren: „Einst geschah ...“ wie „Einst wird geschehen ...“ Auch wenn das Gros der Märchen mit „Es war einmal...“ beginnt, also in die Vergangenheit führt, so artikulieren sich in ihnen doch auch Wünsche. Es sind meist die Wünsche, dass die Zukunft besser als die Gegenwart werden möge.

Dem gemeinen Volke, durch die Herrschenden geknechtet, zudem ständig von Krankheiten, Epidemien, Missernten, Hungersnöten und Kriegen bedroht, mögen die Märchen einmal zu dem gedient haben, was der Wiener Neurologe Sigmund Freud zum Ende des 19. Jahrhunderts als Sublimation (Abwehrmechanismus) bezeichnete. Märchen entschädigten die Menschen für Verzicht. Die Märchenwelt ermöglichte es ihnen, ihre Träume und Wünsche zumindest in der Fantasie auszuleben.

In Märchen treten Fantasiewesen wie Zwerge, Zauberer und Feen sowie sprechende Tiere ins Leben Unterprivilegierter und verhelfen ihnen zu Glück und Wohlstand. Es geschehen Wunder der Art, dass gewöhnliche Steine sich in Goldklumpen verwandeln. Gewiss wussten die Menschen auch in vergangenen Jahrhunderten, dass die Märchen keine Wahrheiten wiedergeben. Aber die Märchen wirkten, in dem sie Hoffnungen weckten und in eine Welt ohne Verzicht entführten.

Die nachfolgenden Märchen, also „maere" (Nachrichten), stammen aus verschiedenen Landstrichen jenes Teils des rechtsrheinischen Schiefergebirges, der nach den Grafen und Herzögen von Berg, die einst hier residierten, Bergisches Land genannt wird. Sie geben Aufschluss über die Sehnsüchte und über das Begehren seiner Bewohner. Tauchen Sie ein in die Märchenwelt des Bergischen Landes.

Gewidmet ist dieses Buch Ira Schneider und Margret Wehning, Autorinnen des im Wartberg Verlag erschienenen Buches „Bergischer Kräher, Dröppelminna und Kronenbaum", denen ich mich in dem Bemühen um regionalgeschichtliche Forschung eng verbunden fühle.

Olaf Link

Die Heinzelmännchen von Kohlfurt

Wohl jedem ist bekannt, dass es einst in Köln Heinzelmännchen gab. Dass diese kleinen Wesen aber aus Kohlfurt und damit aus dem Bergischen Land stammten und sich von dort aus allabendlich auf den Weg in die große Stadt am Rhein machten, um die Bewohner mit ihrer fleißigen Arbeit zu erfreuen, wissen nur die Klugen.

Allein den Klügsten aber ist nicht entgangen, dass die Heinzelmännchen den Menschen hin und wieder auch in den Dörfern und Hofschaften ihrer Heimat manche Freude bereiteten.

Beinahe jeder, der einst im Bergischen Land lebte, wusste von den Wichten zu berichten. Gesehen haben sie nur wenige. Die Heinzelmännchen waren zwar sehr lieb zu den Menschen und nahmen ihnen so manche Arbeit ab, aber sie taten dies in der Nacht, wenn nicht nur die Kinder, sondern auch die Erwachsenen längst in ihren Betten lagen und schliefen, träumten und vielleicht auch schnarchten.

Zu den wenigen Menschen, die schon vor Sonnenuntergang einmal den Heinzelmännchen begegneten, gehörte der Schmied Peter Hammerhart, der in seiner Werkstatt nahe Kohlfurt, an der Grenze zwischen den heutigen Städten Solingen und Wuppertal, Schwerter herstellte. Wie vordem schon öfter geschehen, hatte ein bei Grunenburg wohnender Ritter bei ihm eine solche Waffe bestellt, die der Schmied ihm eines Nachmittags brachte. Auf dem Rückweg, nur einige hundert Meter von seiner Schmiede entfernt, hörte Peter Hammerhart neben dem Rauschen der Wupper plötzlich ein anderes Geräusch, das er noch nie zuvor vernommen hatte. In seine Ohren drangen Töne, die den Schmied an lustig spielende Kinder erinnerten. Aber war es denn möglich, dass hier, in den einsamen Waldeshöhen, Mädchen und Jungen spielten? Um zu erkunden, woher die seltsamen Geräusche wohl kamen, begab sich Peter Hammerhart einige Meter die bewaldete Anhöhe hinauf. Je weiter er von dem Weg, der entlang der Wupper führte, abkam, umso klarer hörte der Schmied eine Musik, die viel lieblicher klang als jene, die bei den Dorffesten und selbst sonntags in der Kirche ertönte.

Nachdem der Mann noch ein wenig weiter in den Wald hineingedrungen war, glaubte er seinen Augen nicht zu trauen, denn die waren von der vielen Arbeit schon recht müde. Da sang und tanzte zwischen den Buchen und Fichten eine Schar von Heinzelmännchen, keines von ihnen größer als ein Kind. Das war ein Singen und Tanzen, ein Tanzen und Singen, wie es wohl zuvor noch kein Mensch im Bergischen Land gehört und gesehen hatte. Alle Männchen waren grün oder blau gekleidet und ein jedes von ihnen hatte einen spitzen Hut auf dem Kopf. Einige der kleinen Wesen, die weder sangen noch tanzten, musizierten mit ihren Fiedeln.

Um dem bunten Treiben unentdeckt lauschen zu können, versteckte sich Peter Hammerhart hinter dem dicksten Baumstamm, den er in der Nähe fand. Die Musik der Heinzelmännchen klang so fröhlich, dass selbst die Vögel zu deren Rhythmus auf und ab zu fliegen schienen.

Wie die Wichte ausgelassen sangen und tanzten, tanzten und sangen, trieb es einer von ihnen gar zu toll. Sich wild im Kreise drehend, warf er seinen Hut hoch in die Lüfte und hielt seine beiden Ärmchen in die Höhe, um die Kopfbedeckung sogleich wieder aufzufangen. Aber vom vielen Tanzen war dem kleinen Mann ganz schwindelig geworden. So kam es, dass er den Hut nicht zu fassen bekam und dieser den Berg hinabfiel – bis in das Wasser der Wupper. Sogleich setzte die Musik aus und alle Heinzelmännchen liefen bergab, um den Hut aus den Fluten zu retten. Aber so sehr sie sich auch bemühten, mit Ästen oder Stöcken das Hütchen an Land zu ziehen, es wollte ihnen nicht gelingen. So stand die ganze Schar am Rande des Flusses und sah traurig zu, wie das verlorene Gut langsam im Wasser versank, bis es nicht mehr zu sehen war.

Alle Heinzelmännchen bedauerten und trösteten den einen, der nun ohne Kopfbedeckung zwischen ihnen stand und sein Unglück noch gar nicht fassen konnte. Auch Peter Hammerhart hatte Mitleid mit dem Kleinen, dem eine Träne die Wange hinunterkullerte. Ganz vorsichtig verließ er sein Versteck und ging auf die Heinzelmännchen zu, die bei dem Anblick des Schmiedes nicht wenig erschraken.

„Habt keine Angst, ihr Männlein. Ich bin ein Freund und will euch helfen“, sprach der große und kräftige Mann, der auf die kleinen Wichte beinahe wie ein Riese wirkte. „Nun sag, wie du uns helfen willst, wo doch der Hut in der Wupper versunken ist!“, sagte zaghaft einer von ihnen.

„Geduldet euch nur bis zum morgigen Tage. Nachdem die Sonne aufgegangen sein wird, werde ich mit einer langen Stange aus Eisen kommen und den Hut aus dem Wasser herausfischen“, antwortete der Schmied.

In dieser Nacht verzichteten die Heinzelmännchen darauf, sich von Kohlfurt nach Köln zu begeben. Stattdessen stiegen sie in ihre Bettchen, um nach Aufgang der Sonne ausgeschlafen zu sein. Schließlich wollte ein jedes von ihnen dabei sein, wenn Peter Hammerhart den gesunkenen Hut mit einer Stange wieder an Land zu holen versuchte.

Gerade klang am frühen Morgen vom Schrodtberg das dreifache Krähen eines Hahnes herüber, als der Schmied, eine lange Eisenstange bei sich tragend, des Weges kam und von den Heinzelmännchen freudig empfangen wurde. Und tatsächlich dauerte es kaum länger als bis zum vierten Hahnenschrei, bis dass der Hut wieder auf dem Kopfe seines Besitzers saß.

Nun freuten sich alle Heinzelmännchen und sangen und tanzten im Kreise um den Schmied herum, und einer spielte mit der Fiedel eine Melodie, die so lustig war, dass selbst Peter Hammerhart ein wenig zu tanzen begann.

„Wie kann ich dir danken, guter Mann?“, fragte das Heinzelmännchen, glücklich über die Rettung seines Hütchens, den Schmied. Es hielt ihm einen Edelstein entgegen, der mindestens so groß war wie ein Hühnerei.

„Ich will keinen Dank und keine Belohnung. Es macht mich froh, dass ich dir habe helfen können“, wies der Schmied das angebotene Geschenk zurück. Alles, was das Männchen ihm zum Geschenk machten wollte, um ihn für seine gute Tat zu belohnen, lehnte Peter Hammerhart dankend ab. Er lauschte noch eine Weile dem fröhlichen Treiben der Heinzelmännchen. Dann begab er sich zurück in seine Schmiede, wo viel Arbeit auf ihn wartete.

Als der Abend gekommen war, legte sich der Mann ermüdet ins Bett, um am folgenden Tag seine Arbeit fortzusetzen. Gerade klang am frühen Morgen vom Schrodtberg das dreifache Krähen eines Hahnes herüber, als der Schmied seine Werkstatt betrat. Als er zu seinem Amboss kam, hielt er plötzlich inne. Mit seiner linken Hand zwickte er sich kräftig ins rechte Ohr, dann noch kräftiger mit der rechten Hand in das linke. Es war Peter Hammerhart, als ob er noch träumte. Aus all dem Stahl, den er an

diesem Tage und in der ganzen Woche verarbeiten wollte, waren bereits glänzende, scharfe Schwerter gemacht worden. Nicht anders ging es in den folgenden Nächten in der Schmiede zu. Während der Schmied in seinem Bett schlief, träumte und vermutlich auch schnarchte, verrichteten fleißige Hände seine Arbeit. Wenn Peter Hammerhart am Morgen seine Werkstatt betrat, fand er dort so viele glänzende, scharfe Schwerter, wie er selbst sie kaum in einer Woche hätte herstellen können.

Dass diese Schwerter ganz besonders glänzend und scharf waren, sprach sich schnell herum und fast ein jeder, der ein Schwert erwerben wollte, kaufte es bei Peter Hammerhart. Aus anderen Orten, selbst aus fernen Ländern reisten die Menschen nach Kohlfurt, um bei Peter Hammerhart ein Schwert zu erstehen. So kam es, dass der Schmied bald der Reichste seiner Zunft weit und breit war.

Peter Hammerhart war ein kluger Mann. Deshalb war es für den Schmied kein Geheimnis, wer in den Nächten in der Werkstatt seine Arbeit tat: Jenes Heinzelmännchen, dem er den Hut aus der Wupper gefischt hatte.

Um dem kleinen Wicht, der so fleißig in seiner Schmiede wirkte, nun seinerseits auch eine Freude zu bereiten, begab sich Peter Hammerhart eines Tages nach Cronenberg. Dort versah ein Schneider seine Arbeit, dessen Hemden und Hosen selbst von dem Grafen von Berg gerühmt wurden. Von diesem Schneider, der wie kein anderer mit Nadel, Faden und Schere umzugehen wusste, ließ der Schmied ein kostbares Gewand für das Heinzelmännchen anfertigen.

Am Abend jenes Tages, an dem das mit goldenen Knöpfen versehene Gewand fertig war, legte Peter Hammerhart es sorgsam gefaltet neben den Amboss in seiner Werkstatt. Dann begab er sich zur Ruhe, schlief, träumte und schnarchte wohl auch ein wenig.

Während dies geschah, betrat das Heinzelmännchen, wie all die Nächte zuvor, die Werkstatt des Schmiedes, um Schwerter herzustellen, glänzend und scharf wie nirgends sonst. Nachdem es eine Kerze entzündet hatte, fiel sein Blick auf das kostbare Gewand. Es tauschte seine blaue Arbeitskleidung gegen den prunkvollen Stoff ein. Das Fensterglas diente dem kleinen Mann als Spiegel, in dem er sich stolz betrachtete und in dem er die goldenen Knöpfe glänzen sah. Sie glänzten mehr noch als alle Schwerter, die er in den vorausgegangenen Nächten angefertigt hatte.

Stolz schritt das Heinzelmännchen in der Werkstatt auf und ab. Sein Blick war immer auf das Glas des Fensters gerichtet, in dem es sich spiegelte. Nachdem der Wicht sich schon eine geraume Zeit lang selbst bewundert hatte, sprach er zu sich: „Mit dem Schmieden von Schwertern ist es jetzt vorbei. Ein so feiner Herr, wie ich es nun bin, soll solch schwere und schmutzige Arbeit nicht verrichten.“ Dann verließ er diesen Ort auf Nimmerwiedersehen. Seine blaue Arbeitskleidung hinterließ das Heinzelmännchen neben dem Amboss, wo der Schmied sie am nächsten Morgen fand. Der Hut des Wichtes allerdings, dem diese Geschichte zu danken ist, wurde nicht mehr gesehen.

Peter Hammerhart war seinem kleinen Freund, der ihn zu großem Reichtum verholfen hatte, dankbar bis zum Ende seines langen Lebens.

Die Butterhexe von Vennhausen

Gut fünfzig Jahre, bevor das am südlichen Arm der Düssel gelegene Vennhausen durch Napoleon der Bürgermeisterei Gerresheim zugeschlagen wurde, soll sich dort auf einem Bauernhof das Folgende zugetragen haben:

Ein Bauer war bis Erkrath, Unterbach und Morp berühmt für seine gute Butter, die er wie kein Zweiter zuzubereiten wusste. Eines Tages aber wollte es ihm nicht gelingen, aus dem im Fass befindlichen Rahm Butter zu machen. „Das ist ja wie verhext!", sprach der Bauer. Er war der Verzweiflung nahe.

Vennhausen lag inmitten einer recht sumpfigen Landschaft. Einige wissen vielleicht, dass Venn eine norddeutsche Bezeichnung für Sumpf ist. Den wenigen in Vennhausen lebenden Menschen war es an grauen Herbst- und Wintertagen sowie in den Nächten, wenn die Käuze „kuwitt, kuwitt" („Komm mit, komm mit") riefen, nicht ganz geheuer. Man meinte, dass die Landschaft geradezu ideale Voraussetzungen dafür biete, den Hexen eine Zufluchtsstätte zu sein.

So darf es uns nicht wundern, dass die Frau des Bauern angesichts des Rahms, aus dem sich keine Butter bilden wollte, tatsächlich vermutete, dass eine Hexe ihre Hände im Spiel habe. Um der Butterhexe wirksam zu begegnen, verschloss die Bauersfrau sämtliche Türen und Fenster des Hauses, schöpfte mit der Kelle etwas Rahm ab, goss diesen in eine Schüssel und schnitt mit einem Messer kreuzweise hindurch.

Gerade als der zweite Schnitt vollzogen war, lief eine fremde Frau mit blutendem Gesicht auf das Bauernhaus zu und flehte, die Bäuerin möge mit dem Schneiden des Rahms aufhören. Da ahnte diese, dass es sich bei der Flehenden um eine Hexe handelte und geschwind schnitt sie weitere Kreuze in den Rahm, bis das böse Weib gelobte, dem Bauern und seiner Frau keinen Schaden mehr zuzufügen.

Der Bauernhof, der Ende des 18. Jahrhunderts Komplex des Rothenberger Hofes war, wurde nach dem berichteten Ereignis „Butterhöfchen" genannt. Das Nachbarhaus, in dem die Butterhexe sich versteckt gehalten haben soll, trug noch bis etwa 1900 die Bezeichnung „Hexenkothen". Gegen ein Straßenschild selbigen Namens wetterte der Pfarrer des 1883 eingeweihten katholischen Gotteshauses zu Unterbach so sehr, dass man munkelte, der Herr Pastor selbst habe gegen das biblische Gebot „Du sollst nicht stehlen" verstoßen, als das Schild eines Morgens nicht mehr auf seinem Platz stand.

Ave Maria

Nahe des zu Füßen des Siebengebirges liegenden Städtchens Königswinter, zwischen Oberdollendorf und Heisterbacherrott, befindet sich die Ruine eines einst bedeutenden Klosters. Es ist benannt nach dem Mönch Caesarius von Heisterbach, der in der ersten Hälfte des 13. Jahrhunderts dort wirkte. Berühmt wurde der fromme Mann durch seine Sammlung wundersamer Geschichten, die zu seiner Zeit in der rheinischen Gegend sowie im Bergischen Land im Umlauf waren. So findet sich in dem Werk des Caesarius von Heisterbach die Aufzeichnung eines Wunders, über das hier berichtet werden soll:

Ein Ritter, der in den Diensten der Grafen Adolf III. von Berg, dann denen von dessen Bruder, des Kölner Erzbischofs Engelbert, stand, war der Kriege und Kreuzzüge müde, in denen er gekämpft hatte. Nachdem sein Herr, Engelbert von Berg, im Jahr 1225 auf dem Weg von Soest nach Köln auf einem schmalen Waldweg bei Gevelsberg überfallen und ermordet worden war, quittierte der Edelmann seinen Waffendienst, wechselte seine Rüstung gegen eine Kutte und lebte fortan als Mönch im Kloster zu Altenberg. War er zuvor ein Raufbold gewesen sowie Wein und Weib stets zugetan, führte er im Tale der Dhünn ein gottgefälliges Leben, das durch Gebet, Arbeit und das Lesen der Heiligen Schrift bestimmt wurde.

Obwohl er inbrünstiger als alle seine Brüder betete und emsiger als diese arbeitete, wollte es ihm trotz allen Bemühens nicht gelingen, die lateinische Sprache zu erlernen, sodass er beim Lesen des Wortes Gottes zeitlebens über ein „Ave Maria" („Gegrüßest seist du, Maria") nicht hinauskam.

Selbst die gelehrtesten Ordensgeistlichen, die dem unglücklichen Bruder die einstige Sprache der Lateiner lehren wollten, vermochten dies nicht. Um so ergriffener betete er Stunde für Stunde, Tag für Tag, Jahr für Jahr sein „Ave Maria" und als er endlich im Sterben lag, war die Anrede Marias das Letzte, was über seine Lippen kam.

Am Morgen, nachdem der Leichnam nahe des Klosters zu Altenberg beigesetzt worden war, entdeckte ein Novize auf dem Grabhügel eine weiße Lilie, auf deren Blütenblättern mit goldenen Lettern zu lesen war: „Ave Maria".

Der kluge Schneider von Elberfeld

In Elberfeld gab es einen Mann, der das Schneiderhandwerk beherrschte und von dem die Leute so manche Geschichte erzählten. Und beinahe ein jeder, der diese Geschichten hörte, kam zu dem Schluss: „Was war der Schneider von Elberfeld doch für ein kluger Mann!“

In Elberfeld wohnte ein sehr reicher Mann. Er war so reich, dass ein ganzes Leben nicht ausgereicht hätte, um all sein Geld zu zählen. Aber trotz allen Reichtums konnte er nicht verhindern, dass er im Alter krank und gebrechlich geworden und auf Hilfe von anderen angewiesen war. In der Nachbarschaft des alten Herrn wohnte ein Wirt, der ihm morgens das Frühstück machte, ihm zum Mittag und am Abend sein Essen brachte. Die Frau des Wirtes kümmerte sich um das Haus des reichen Nachbarn und kaufte für ihn ein.

Auch wenn der Wirt und seine Gemahlin den alten Mann tagein, tagaus pflegten, versorgten und bedienten, so war es ihnen doch sehr, sehr lästig. Längst hätten sie ihn seinem Schicksal überlassen, wäre da nicht die große Hoffnung gewesen, einst alles Geld des Greises zu erben, der keine Verwandten mehr hatte.

„Jeden Tag, jahrein und jahraus, pflegen, versorgen und bedienen wir dich nun schon. Ist das etwa kein Grund, uns in deinem Testament zu bedenken?“, fragte eines Abends der Wirt. „Gewiss“, antwortete der alte Mann, „gleich Morgen werde ich mein Testament machen und dich und dein Weib bedenken.“ Als aber der Wirt am nächsten Morgen dem reichen Herrn das Frühstück bringen wollte, fand er ihn tot in seinem Bett liegend. Da wurde der Wirt sehr traurig – nicht weil der Alte gestorben war, sondern weil er sein Testament nicht mehr hatte machen können. Schnell begab sich der Wirt zu seiner Frau, um mit ihr zu beraten, was nun zu tun sei.

Da kam der Frau des Wirtes eine Idee, wie man vielleicht doch noch an das viele Geld des Verstorbenen herankommen könne. Schon vor vielen Jahren war den beiden Wirtsleuten aufgefallen, dass ein in Elberfeld lebender Schneider dem reichen Alten zum Verwechseln ähnlich sah. So fassten der Wirt und seine Gemahlin den Plan, den Schneider einzuweihen. Er sollte vor einem Notar die Rolle des Reichen spielen und in dessen Namen den Wirt und seine Frau als Erben des vielen Geldes bestimmen.

Darum gebeten, für eine Stunde in die Rolle des reichen Alten zu schlüpfen und vor einem Notar ein Testament aufzusetzen, erklärte sich der Schneider sofort bereit.

Als die Wirtsleute nun mit dem Schneider, herausgeputzt wie ein wohlhabender Mann, vor dem Notar erschienen, nahm der Schneider Papier und Stift, um „seinen" letzten Willen zu notieren.

„Hiermit bestimme ich", sprach und schrieb der verkleidete Schneider, „dass der Wirt 500 Taler, seine Frau 300 Taler erhalten soll."

Der Notar zeigte sich sehr verwundert darüber, dass der Mann den beiden nicht einen bedeutend höheren Geldbetrag zuwenden wollte. Schließlich wusste er um den unermesslichen Reichtum des alten Mannes.

„Das restliche Geld", so fuhr der in Frack und Zylinder gekleidete schlaue Mann fort, „soll der Schneider in Elberfeld erhalten."

So hatte der kluge Schneider dafür gesorgt, dass beinahe alles Geld ihm selbst zufiel. Der Wirt und seine Frau waren außer sich vor Wut. Aber da sie den Betrug selbst eingefädelt hatten und nicht gänzlich leer ausgehen wollten, mussten sie schweigen und sich mit ihren wenigen Talern zufriedengeben.

Die Schlebuscher Schatzgräber

So wie es in der Nähe des Flusses Ruhr unter der Erde Kohle gibt, so fand man in den Tälern der Wupper hier und da Eisenerze.

„Wo unter der Erde Eisen lagert, warum sollte sich da nicht auch Gold finden lassen?“, hieß es immer wieder aus dem Munde mancher Männer, die in Armut lebten und von Reichtum träumten.

Nun gab es in Schlebusch einen, der von sich behauptete, als Schatzgräber schon so manches Stück Gold gefunden zu haben. Die anderen Männer wussten nicht so recht, ob ihm zu trauen war, denn mit seiner gestopften Hose und der stets schmutzigen Jacke sah er nicht aus wie einer, der zu Reichtum gekommen war.

Da aber der Wunsch, reich zu werden, bei den Männern größer war als das Misstrauen, das sie dem angeblich erfahrenen Schatzgräber entgegenbrachten, baten sie ihn eines schönen Tages, mit ihnen in den nahen Wäldern nach Gold zu graben.

So kam es, dass sich die Schlebuscher Männer am Abend in der Dorfschenke „Zum Apfelbaum“ trafen und besprachen, wann, wo und wie sie den großen Goldschatz suchen wollten. Ihr Anführer, der stolz von seinen früheren Goldfunden erzählte, ließ die noch unerfahrenen anderen wissen, welche Werkzeuge sie benötigten und worauf bei der Schatzsuche unbedingt zu achten sei. So sei mit einem Stab ein Kreis um jene Stelle zu ziehen, unter der man das Gold vermute. Grabe man dann nach dem edlen Metall, so dürfe niemand seinen Fuß über diesen Kreis setzen. Auch dürfe kein Wort gesprochen werden, bis dass der Schatz aus dem Boden gehoben und ein Gebet gesprochen worden sei. Erst recht dürfe niemand vor dem Dankgebet etwas von dem Golde an sich nehmen.

Nachdem der Anführer den Schlebuscher Schatzgräbern gesagt hatte, worauf zu achten sei, machten sich die Männer am nächsten Morgen auf nach Alkerode, wo man Gold in der Tiefe der bewaldeten Erde vermutete.

Kaum hatte der Anführer mit einem Stab einen Kreis um jene Stelle gezogen, unter der er einen Goldschatz vermutete, ergriffen die Männer Spaten und Schaufeln und gingen an die Arbeit.

Schon bald zeigte sich, dass Schatzgräber nicht nur Fleiß und Kraft, sondern auch sehr viel Mut benötigen. Obwohl eben noch die helle Sonne geschienen hatte, erschallte nun lautes Donnern und gewaltige Blitze schlugen in die Bäume gleich neben den Schlebuschern ein. Inmitten eines kräftigen Windstoßes fuhr sogar der Teufel an den Männern vorbei.

Da aber das Verlangen nach Gold größer war als die Furcht vor Tod und Teufel, setzten die Schatzgräber ihre Arbeit fort. Als sie sieben Stunden gegraben hatten, zeigte sich in der Tiefe der Erde der Glanz mehrerer Goldstücke. Den Männern zersprangen beinahe die Herzen vor Freude und ein jeder erinnerte sich an die Worte des Anführers, dass niemand seinen Fuß über den von ihm gezogenen Kreis setzen und dass kein Wort gesprochen werden dürfe, bis dass der Schatz aus dem Boden gehoben und ein Gebet gesprochen worden sei. Auch wusste ein jeder, dass niemand vor dem Dankgebet etwas von dem Golde an sich nehmen durfte. Vorsichtig wurde das Gold aus der Erde gehoben und stumm auf dem moosigen Waldboden aufgehäuft. Als die Männer gerade damit beschäftigt waren, weitere Goldstücke ans Tageslicht zu befördern, leuchtete einer der im Moos gebetteten Metallbrocken so verführerisch im Licht der Sonne, dass einer der Männer sich heimlich ein kleines Stück nahm und in seine Hosentasche steckte.

Obwohl eben noch die helle Sonne geschienen hatte, erschallte nun abermals lautes Donnern und gewaltige Blitze schlugen in die Erde ein, gleich dort, wo die Schlebuscher den Goldschatz auf dem Waldboden lagerten. Dann öffnete sich plötzlich die Erde und riss alles Gold mit sich in die Tiefe.

Wie traurig waren die Männer, dass ihre Mühe vergeblich gewesen war. Wie hoffnungslos waren sie, nachdem der Anführer ihnen erzählte, dass man nun sieben Jahre warten müsse, bis ein erneuter Versuch, einen Goldschatz zu heben, unternommen werden könne.

Mit gesenkten Häuptern kehrten die Schatzsucher nach Schlebusch heim. Nur einer von ihnen hatte ein nicht ganz so verdrießliches Gesicht. Er hielt ein kleines Stück Gold in seiner Hosentasche verborgen. Doch als dieser Mann in seiner Stube angekommen war und seinen Schatz genauer betrachten wollte, da hielt er nichts anderes in den Händen als einen gewöhnlichen Stein von jener Sorte, die am Wegesrand zu liegen pflegen.

Die überlisteten Mönche von Dünnwald

Die Mönche von Dünnwald waren einst dafür bekannt, fromme Schriften zu lesen und besonders fleißig zu beten. Nun ließ sich aber mit beidem kein Geld verdienen und Geld war vonnöten, wollte man nicht hungern und frieren.

Von dem Glockenturm ihres Klosters hatten sie einen herrlichen Blick auf die Felder des Hall zu Schlebusch. Dort wuchsen alljährlich Hafer, Roggen und Weizen heran und machten den Bauern zu einem reichen Mann.

Auch wenn Christen ihre Nachbarn nicht um deren Besitz beneiden sollen, so blickten die Mönche von Dünnwald nicht ganz ohne Neid und Wehmut auf die gut bestellten Felder.

Nun geschah dies alles in einer Zeit, als die Menschen in den Dörfern noch keine Schule besuchten und deshalb auch nicht zu lesen vermochten. Die Mönche aber, die Klosterschulen besucht hatten, wussten zu schreiben und zu lesen. So kam es, dass die Mönche von Dünnwald den Bauern Hall zu Schlebusch überlisten und ihn um seine fruchtbaren Felder bringen wollten.

Sie nahmen eine alte Schrift, die sich wohl schon hundert Jahre im Kloster befand, gingen damit zu dem Bauern, hielten ihm das vergilbte Stück Papier vor die Nase und sagten: „Gott zum Gruße, guter Mann. Wir haben eine für dich wohl traurige Nachricht. Lies diese Schrift. Sie besagt, dass jene Felder in Dünnwald, auf denen du Hafer, Roggen und Weizen sähst und erntest, seit Ewigkeiten dem Kloster gehören. Deine Felder andernorts magst du behalten. Die Felder des Klosters aber musst du uns übergeben, da sie dir nicht gehören."

Da Hall zu Schlebusch des Lesens nicht kundig war, konnte er nicht wissen, dass auf dem Papier, das man ihm vor die Nase hielt, gar nichts stand von den Feldern und von deren Besitz. Fromme Sprüche waren es, die wohl ein Mönch vor vielen, vielen Jahr hier einmal notiert hatte.

Der Bauer wollte nicht einsehen, dass er um seine Felder gebracht werden sollte und drohte damit, das Gericht darüber entscheiden zu lassen, wer zukünftig auf den Feldern nahe des Dünnwalder Klosters die Ernte einfahren dürfe.

Da auch Richter zu lesen verstanden, wussten die Mönche, dass ihr Betrug bei Gericht auffallen würde. Um zu vermeiden, dass ein Richter sich mit dem Streit zwischen ihnen und dem Bauern befassen musste, boten sie Hall zu Schlebusch an, die Felder noch für die Dauer eines Jahres bewirtschaften zu dürfen. Erst dann solle das Land dem Kloster als rechtmäßigem Eigentümer übergeben werden. Des Streites müde, stimmte der Bauer diesem Vorschlag zu.

Als das Jahr beinahe vergangen war, machten sich die Mönche zu den Feldern auf, um schon einmal zu sehen, wie hoch das Getreide stand, das sie nun bald zu ernten hofften. Wenn Christen auch nicht fluchen sollen, so fluchten die Mönche von Dünnwald doch entsetzt, als ihnen dort, wo sie erntereifen Hafer, Roggen und Weizen zu erblicken hofften, unzählige Reihen von kleinen Eichenbäumen ins Auge fielen, denen man beim Wachsen zusehen konnte.

Der Bauer hatte den Mönchen ein Schnippchen geschlagen. Längst sind der Bauer und die Mönche von Dünnwald gestorben. Die Eichen aber leben noch immer und wiegen ihre Kronen im Wind.

Der Hase zu Windeck

Auf einer Anhöhe oberhalb des an der Sieg gelegenen Ortes Altwindeck befindet sich eine imposante Ruine, die noch heute viele Besucher anzieht und erahnen lässt, wie mächtig die einstige Burg gewesen sein muss, die hier im 12. Jahrhundert erbaut worden war.

Viele Sagen, Märchen und Geschichten, die im Rhein-Sieg-Kreis bis heute in Umlauf sind, handeln von dem, was sich in früheren Zeiten in der Burg und in deren Umfeld ereignet haben soll. So erzählen die Leute, vorzugsweise wenn sie im Gasthof „Zur Linde" beisammensitzen und sich den edlen Wein von den Hängen Bad Honnefs oder Königswinters schmecken lassen, immer wieder die Geschichte von dem Ritter Wilhelm Stael von Holstein. Dieser residierte um 1390 als Amtmann auf der Burg und vertrat im Windecker Ländchen Wilhelm II., den Herzog von Berg.

Nun scheint der Amtmann so versessen auf die Jagd gewesen zu sein wie die Bauern der Region gottesfürchtig waren. Wenn es Wilhelm Stael von Holstein am Sonntag gelüstete, einen Eber zu jagen und zu erlegen, so scheute er sich nicht, die Untertanen aus der Messe zu holen, auf dass sie ihm bei der Jagd Frondienste leisteten.

Einmal, mutmaßlich an einem Sonntag nach Pfingsten, soll es sich zugetragen haben, dass der ins Jagen verliebte Ritter die Bauersleute wieder aus der Kirche holen ließ, um einem Eber nachzustellen. Als sie gemeinsam die Felder zwischen Roßbach und Dattenfeld durchstreiften, kam urplötzlich ein gewaltiger Sturm auf, dem ein Gewitter folgte, so heftig, wie es wohl nur alle hundert Jahre einmal über das Bergische Land hereinbricht.

Während die Bauern innehielten und ihre Blicke ängstlich dem sich verdunkelnden Himmel zuwandten, nahm Wilhelm Stael von Holstein das heraufziehende Unwetter kaum wahr. All seine Sinne waren auf den Eber gerichtet, den er irgendwo zwischen der blühenden Gerste vermutete.

Nun können Blitzschläge auch Schicksalsschläge sein. Der Blitz jedenfalls, der aus dem sprichwörtlich heiteren, tatsächlich aber tiefblauen Himmel mitten in das Feld einschlug, war ein Schlag, der des Amtsmannes Schicksal besiegelte. Tot sank er zu Boden.

Nachdem der Leichnam an der Mauer seiner Burg zu Grabe getragen worden war, fand er darin, so wird berichtet, doch keine Ruhe. Während des Tages soll der Geist des Ritters in Gestalt eines Hasen auf den Feldern und Wiesen rund um die einstige Burg hüpfend und springend gesehen worden sein, in der Nacht mit leuchtenden Augen auf jener Stelle sitzend, an der er einst von den Bewohnern Altwindecks bestattet worden war.

*Noch heute leben Nachfahren des Wilhelm Stael von Holstein, Freiherren und Freifrauen, in unserem Lande. Es handelt sich aber um sehr liebenswerte Menschen, von denen nicht zu befürchten ist, dass sie Gottesdienste stören. Auch verfügen sie über Eisschränke und Kühltruhen, in denen sie Sülze, Wurst, Schinken, Eisbein und Koteletts lagern. Niemand hat sie jemals auf der Jagd nach einem Eber gesehen.

Der Lüderich

Zwischen Sülz und Agger befindet sich eine Anhöhe, der man den Namen Lüderich gegeben hat. Einige Bewohner des Tales, die besonders stolz auf die bergige Landschaft ihrer Heimat sind, sprechen auch vom Hochlüderich.

Ganz unrecht haben diese Frauen und Männer nicht, denn tatsächlich soll der Lüderich in längst vergangenen Zeiten doppelt so hoch gewesen sein, wie er es heute ist. Warum er in sich zusammenstürzte, soll hier erzählt werden:

Als man einst tief in der Erde des Lüderich Gold und Silber fand, trieben die Menschen Schächte und Stollen in den Berg, um die edlen Gesteine abzubauen. So wurden sie sehr, sehr reich und errichteten prachtvolle Schlösser auf den Höhen des Lüderich.

Der Reichtum tat den Menschen aber nicht gut. Sie führten ein wildes Leben, aßen und tranken im Übermaß, während andere Familien in ihren im Tal gelegenen Holzhütten hungerten. Die Bewohner des Lüderich schämten sich nicht, aus Spaß mit Weizenbroten zu kegeln und das Gebackene anschließend den Berg hinunterrollen zu lassen.

Wurde das Geld der Schlossherren knapp, trieben sie weitere Schächte und Stollen in den Berg und holten immer mehr Gold und Silber hervor. Je mehr edle Gesteine sie dem Lüderich abrangen, umso wilder wurde das Leben in ihren Schlössern.

Da es auf dem Lüderich, oben zwischen den prächtigen Schlössern, die saftigsten Wiesen und Weiden gab, trieb eines Tages ein Hirtenjunge seine Schafe dorthin. Als die Tiere es sich noch schmecken ließen, setzte sich ein kleines Vögelein neben den jungen Hirten und sang:

„Schafhirte, treib heim,
der Lüderich fällt ein!“

Der Hirtenjunge wollte nicht so recht glauben, was ihm da gesungen wurde. Aber es schien ihm doch sicherer, sich mit der Herde zurück in das Tal zu begeben. Kaum war er dort unten bei den Holzhütten der Armen angekommen, als ein gewaltiger Donner vom Berg her kam, Flammen aus diesem hervorbrachen und all die Schlösser, die auf der Anhöhe standen, im Inneren des Lüderich versanken. Schließlich floss aus dem Berg ein Bach empor, rot vom Blut der Toten.

Dieser Bach ist bis heute noch zu finden. Die Menschen im Sülztal nennen ihn Blutquell oder Rotbach. Ein weiterer Bach ist als Tränenquelle bekannt, denn er soll aus den Tränen entstanden sein, die die Bewohner der Holzhütten denen nachweinten, die Gott ihres wilden Lebens wegen mit dem Tode bestrafte.

Wie man in Düsseldorf das Recht zu Grabe läutete

In früheren Zeiten, als das Bergische Land noch von Grafen oder Herzögen regiert wurde, hatten die Narren eine wichtige Aufgabe zu erfüllen. So wie der Koch dem Landesherrn gute Speisen zu bereiten hatte, so war es die Pflicht eines Narren, ihn gut zu unterhalten. War es den Grafen oder Herzögen langweilig, so riefen sie kurzerhand ihre Narren, die ihnen mit verschiedenen Späßen die Zeit vertreiben sollten.

Einstmals spazierte der Narr des Herzogs zu Düsseldorf am Rhein entlang, als ihm ein Bauer entgegenkam, der traurig seiner Wege ging und dabei ein Bündel Papier unter dem Arm hielt.

„Wohin geht die Reise?“, fragte der Narr den Bauern. „Ach, ich bin von meinem Ackerland vertrieben worden und nun muss ich die Stadt verlassen.“, entgegnete der Bauer.

„So seid Ihr wohl ein Faulenzer, ein Nichtsnutz, dass Ihr von Eurem Ackerland vertrieben wurdet und nun die Stadt verlassen müsst?“, sprach der Narr.

„Wenn dies so wäre, dann geschähe mir Recht. Bin aber weder Faulenzer noch Nichtsnutz“, rief der Bauer und berichtete, dass sein Nachbar, ein reicher Bauer, ihm Prozess auf Prozess aufgezwungen habe. So sei ihm das letzte Land und die letzte Kuh genommen worden. Er sei arm und die Richter hätten nur seinem reichen Nachbarn Glauben geschenkt. „Dabei hätte ich beweisen können, dass die Äcker und das Vieh mir gehören.“

Der verzweifelte Mann streckte dem Narren alle die Papiere entgegen, die er unter dem Arm getragen hatte. Der Narr setzte sich an das Ufer des Rheines und begann zu lesen, Blatt für Blatt, Zeile für Zeile. Dabei schüttelte er mehrmals seinen Kopf und sprach: „Diese Schelme! Diese Schelme!“

Schließlich legte er die Papiere zur Seite und sprach zu dem Bauern: „Gern will ich Euch helfen, wenn Ihr mir folgen werdet.“

Da suchten Narr und Bauer alle Glöckner in der Stadt auf und baten sie, am Mittag des kommenden Tages die Totenglocken zu läuten.

Als folgenden Tages der Herzog sein Mittagsmahl einnahm und von allen Kirchen und Kapellen das Läuten der Totenglocken zum Schloss hin drang, da fragte der Landesherr nach dem Anlass dieses Geläutes.

„Das ist fürwahr ein trauriges Geläute, Herr!“, rief der Narr. „Denn heute wird das Recht in deinem Lande zu Grabe getragen.“ Da hielt es den Herzog vor Wut nicht mehr auf seinem Thron. „Was wagst du, so etwas zu behaupten, Narr?“, entfuhr es ihm. „Mein Herzog, Ihr wisst, dass die Narren die Wahrheit sagen, wenn die Weisen sie auch aus Klugheit verschweigen.“

Dann berichtete der Narr seinem Herrn, wie der arme Bauer mithilfe des Gerichtes Acker und Vieh hatte aufgeben müssen. Auch legte er dem Herzog alle Papiere vor, die bezeugten, dass der Bauer rechtmäßiger Eigentümer war.

Als der Herzog alles erfahren hatte, veranlasste er, dass der Richter, der dem reichen Nachbarn zu Recht verholfen hatte, aus der Stadt vertrieben wurde und der Bauer erhielt alles, was ihm an Land und Vieh gehört hatte, wieder zurück.

Der starke Hermel

Einst, vor vielen, vielen hundert Jahren, als die Normannen rechts und links des Rheins ihr Unwesen trieben, soll es im Bergischen Land einen Burschen gegeben haben, der sieben Jahre von seiner Mutter Brust getrunken hatte. Dadurch soll er sieben Ellen groß und siebenmal stärker als der kräftigste Mann des ganzen Landes gewesen sein. Der Bursche hieß Hermel, und weil er so unbeschreiblich stark war, nannten die Menschen ihn den starken Hermel.

Nun hatten die Männer und Frauen, ja selbst die Kinder des Bergischen Landes, Frondienste für die Normannen zu leisten. Es gab niemanden, der sich der Macht der Eroberer zu entziehen vermochte.

Hermel war zwar unbeschreiblich stark, aber nicht weniger friedfertig. So konnte es geschehen, dass auch er den Normannen keinen Widerstand entgegensetzte.

Eines Tages wurde ihm befohlen, das in der Scheune bis hoch zum Dach gelagerte Stroh zu dreschen. Hermel willigte ein, legte sich dann jedoch in die Sonne, um sein gewohntes Mittagsschläfchen zu halten.

Als die Normannen den Hermel schlafend daliegen sahen, unternahmen sie die größten Anstrengungen, um den Burschen zu wecken. „Warum stört ihr meinen Schlaf?“, fragte dieser. „Das bisschen Dreschen werde ich im Handumdrehen erledigt haben.“

Gemächlich stand Hermel auf, hob das Dach von der Scheune und band mit dicken Tauen einen Baumstamm um die dicke Eiche gleich neben der Scheune. Dann drosch er das Stroh, dass der Staub bis auf die Spitze des Kirchturms flog, der sich eine halbe Stunde Fußweg entfernt befand.

Die Arbeitsweise des starken Hermel gefiel den Normannen nicht wenig. Doch als er sein Abendessen erhalten sollte, erschraken sie sehr. Im Nu hatte Hermel verspeist, wovon einhundert Normannen sieben Tage hätten essen können.

Die Eroberer gingen zurate, wie man sich gegenüber dem starken Hermel, der ihnen ebenso nützlich wie gefährlich werden konnte, verhalten solle. Schließlich beschlossen sie, den hochgewachsenen Burschen in eine Falle zu locken und zu töten.

Am nächsten Morgen trugen sie Hermel auf, in einen sieben mal sieben Klafter tiefen Brunnen zu steigen und diesen zu reinigen. Hermel tat, was ihm aufgetragen wurde. Als er nun am Boden des Brunnens mit der Arbeit begann, warfen die Normannen die schwersten Felsen, die sie in der Kürze der Zeit auftreiben konnten, in den Brunnen hinein, um Hermel zu erschlagen.

Hermel aber kam aus dem Brunnen gestiegen und rief den Umherstehenden zu: „So achtet doch darauf, dass die Hühner nicht am Rande des Brunnens scharren und mir bei meiner Arbeit Sand in die Augen gelangt!"

Wieder begab sich Hermel in die Tiefe. Als er nun am Boden des Brunnens seine Arbeit fortsetzte, warfen die Normannen die schwersten Mühlsteine, die sie in der Kürze der Zeit auftreiben konnten, in den Brunnen hinein, um Hermel zu erschlagen.

„Ich danke euch für den schönen Kragen", rief Hermel zu den Normannen hinauf, ohne sich durch die herabgestürzten Mühlsteine in seiner Arbeit unterbrechen zu lassen.

Nun machten sich siebzig Normannen auf zur der Kirche. Mit vereinten Kräften gelang es ihnen, die Glocke aus dem Turm zu holen und unter größter Anstrengung zum Brunnen zu schaffen, um Hermel damit zu erschlagen.

„Ich danke euch für den schönen Hut", rief Hermel zu den Normannen hinauf, ohne sich durch die herabgestürzte Kirchenglocke in seiner Arbeit unterbrechen zu lassen.

Als Hermel die im aufgetragene Arbeit beendet hatte, verspeiste er abermals, wovon einhundert Normannen sieben Tage hätten essen können.

Die Eroberer gingen erneut zurate, wie man sich gegenüber dem starken Hermel verhalten solle. Sie hielten an ihrem Plan fest, den Burschen zu töten.

Am nächsten Morgen schickten sie Hermel zur Teufelsmühle, um das von ihm gedroschene Getreide zu mahlen. Niemand, der seines Lebens sicher sein wollte, hätte sich gewagt, auch nur in die Nähe dieses bösen Ortes zu wandern, an dem der Teufel vermutet wurde. Hermel aber fürchtete weder Tod noch Teufel und begab sich geradewegs in die Mühle.

Im selben Augenblick, als das Mühlrad sich in Bewegung setzte, fuhr der Leibhaftige, umhüllt von übelriechendem Nebel, in die Mühle hinein. Hermel erkannte sogleich, dass es sich bei seinem Gegenüber um den Teufel handelte, hob ihn mit beiden Armen in die Luft, um ihn sodann auf den mahlenden Mühlstein zu setzen. Im Nu war das halbe Gesäß des Teufels abgeschliffen und das linke Bein gleich mit. Unter lautem Geheul und Flüchen, die hier zu erwähnen der Anstand verbietet, machte sich der Leibhaftige auf und davon.

Der starke Hermel setzte das Mahlen des gedroschenen Getreides fort und kehrte schon bald mit einigen Säcken Mehl zu den Normannen zurück.

Am Abend dieses Tages verspeiste Hermel abermals, wovon einhundert Normannen sieben Tage hätten essen können.

Die Eroberer berieten aufs Neue, wie man sich gegenüber dem starken Hermel verhalten solle. Es konnte ihrer Meinung nach keinen anderen Weg geben, als den hochgewachsenen Burschen zu töten.

Wenn Hermel auch einen Teufel aus der Mühle zu vertreiben vermochte, dachten die Normannen, so werde er gegen eine Vielzahl Teufel, die sich in der Hölle heimisch fühlen, sicher nicht ankommen.

Am nächsten Morgen schickten sie Hermel zur Hölle, um von den Teufeln einen Sack Gold zu verlangen. Niemand, der nicht seines Lebens müde war, hätte gewagt, sich der Hölle zu nähern. Hermel aber fürchtete weder Tod noch Teufel und begab sich geradewegs in die Hölle.

Als der seines Gesäßes und eines Beines beraubte Teufel den starken Hermel auf der Treppe zum Inneren der Hölle erblickte, rief er sogleich alle anderen Teufel, ja selbst den Teufelsfürsten, um dem Eindringling gemeinsam den Garaus zu machen. Jeder Teufel aber, der sich dem Hermel in böser Absicht näherte, wurde von diesem in hohem Bogen in die Dunkelheit der Hölle zurückgeschleudert.

Der Teufelsfürst schien von der Stärke des Hermel beeindruckt und schlug ihm eine Wette vor. Er holte ein Jagdhorn hervor, so groß wie ein Hexenkessel. Sollte Hermel stärker blasen können als der Teufelsfürst, so sollte er den verlangten Sack Gold erhalten.

Zuerst blies der Teufelsfürst in das Horn. Sein Blasen war so gewaltig, dass beinahe das ewige Feuer der Hölle erloschen wäre.

Als es nun an Hermel war, das Jagdhorn zu blasen, zerplatzte das Instrument, bevor auch nur ein Ton herauskam, und die einzelnen Teile flogen dem Teufelsfürsten um die Hörner.

Da fürchtete selbst der Teufelsfürst um sein Leben, gab dem Hermel einen bis zum Rand mit Gold gefüllten Sack und war heilfroh, als der starke Bursche sich aus der Hölle entfernte.

Noch vor Sonnenuntergang kehrte Hermel mit dem Sack zu den Normannen zurück und verspeiste am Abend abermals, wovon einhundert Normannen sieben Tage hätten essen können.

Die Eroberer waren beinahe ratlos und überlegten, wie sie dem starken Hermel Herr werden konnten. Schließlich beschlossen sie, den hochgewachsenen Burschen erneut in eine Falle zu locken und zu töten.

Am nächsten Tag sollte Hermel sich von der vielen Arbeit einmal ausruhen dürfen, so sagten ihm die Normannen. Der freute sich über diese Nachricht, legte sich in die Sonne, um sein gewohntes Mittagsschläfchen zu halten, was ihm in den vergangenen Tagen nicht vergönnt gewesen war.

Als die Normannen den Hermel schlafend daliegen sahen, legten sie alles Holz und Stroh, das sie in der Kürze der Zeit auftreiben konnten, um den Schlafenden herum und zündeten es an.

Schnell loderte das Feuer und die Flammen schlugen haushoch. Nachdem Holz und Stroh schon eine ganze Weile lichterloh brannten, ohne dass von Hermel etwas zu sehen oder zu hören gewesen wäre, begannen die Normannen vor Freude zu tanzen, glaubten sie doch, den starken Hermel in eine Falle gelockt und getötet zu haben.

Hermel aber erwachte schließlich vom lauten Gejohle der wild Tanzenden und war so erbost darüber, aus dem Schlaf geweckt worden zu sein, dass er den Eichenbaum neben der Scheune aus der Erde herausriss und ihn wie die Kirchenglocke und die Mühlsteine den fliehenden Normannen hinterher warf.

Nie mehr wagten es die Normannen seitdem, einen Fuß ins Bergische Land zu setzen.

Der kluge Schneider von Schlebusch

Im Dünnfelde bei Schlebusch wohnte vor langer, langer Zeit ein Schneider, der zwar sehr klug, aber leider auch recht faul war. Statt in seiner Werkstatt mit Schere, Nadel und Faden zu arbeiten, bevorzugte er es, mit einigen jungen Burschen des Ortes schon am Vormittag durch die Wirtshäuser zu ziehen und Bier und Schnaps zu trinken.

Der Schneider lebte so recht in Saus und Braus. So kam es, dass er bald viel mehr Geld zu zahlen hatte, als er durch den Verkauf der wenigen Kleidung, die er nähte, verdienen konnte. Um seine Not zu vergessen, trieb es den faulen Schneider nun noch öfter in die Wirtshäuser. Nachdem er reichlich Bier und Schnaps zu sich genommen hatte, gelang es ihm, für einige wenige Stunden nicht an seine Schulden zu denken.

Am späten Vormittag eines Sonntages, als die meisten Frauen und Männer aus Schlebusch sich noch in der Kirche aufhielten, saß er wieder einmal in einem der Wirtshäuser. Dort machte er die Bekanntschaft eines Fremden, der von Kopf bis Fuß grün wie ein Jäger gekleidet war. Vor sich auf dem Tisch hatte der Mann nicht nur ein köstliches Mahl und ein Glas edelsten Weines, sondern auch einen Haufen von mindestens einhundert Goldmünzen.

Der reiche Fremde und der arme Schneider sprachen über dies und das. Schließlich fasste der Schneider sich ein Herz und erzählte von seiner Not, in die er sich durch seine Faulheit selbst gebracht hatte. Als der Schneider mit seinem Bericht zu Ende war, lachte der Fremde laut auf und sprach: „Ach, guter Mann. Wenn du sonst keine Sorgen hast, so ist dir leicht zu helfen.“ Er riet dem Schneider, einen Vertrag mit dem Teufel abzuschließen, dass dieser nach Ablauf von sieben Jahren seine Seele bekomme, wenn der Belzebub ihm bis dahin reichlich Geld zur Verfügung stelle und ihm auch sonst zu Diensten sei. Dem Schneider war bei dem Gedanken nicht recht geheuer und er fragte sich, ob der Fremde nicht vielleicht selbst der Teufel sei.

Wohl um die Bedenken des Schneiders zu zerstreuen, fuhr der Fremde fort: „Was hast du zu verlieren? Wenn der Teufel den Vertrag bricht und auch nur einmal seine Pflichten nicht erfüllt, so wird er auch deine Seele nicht bekommen.“

Diese Auskunft beruhigte den Schneider und er willigte in den Vertrag ein.

Von diesem Tag an hatte die Not ein Ende und der Schneider lebte so recht in Saus und Braus. Statt in seiner Werkstatt mit Schere, Nadel und Faden zu arbeiten, bevorzugte er es, mit einigen jungen Burschen des Ortes schon am Vormittag durch die Wirtshäuser zu ziehen und Bier und Schnaps zu trinken. Vor sich hatte er stets einen Haufen von mindestens einhundert Goldmünzen.

So ging es beinahe sieben Jahre. Als sich aber die Zeit näherte, in der der Schneider seine Seele dem Teufel übergeben sollte, wurde ihm angst und bange.

Da der Teufel sich verpflichtet hatte, ihm nicht nur Geld zur Verfügung zu stellen, sondern auch darüber hinaus zu Diensten zu sein, stellte der Schneider ihm immer schwierigere Aufgaben. Aber der Teufel erfüllte sie alle.

Nun gab es in Schlebusch damals den Kleuelsweiher, einen Teich, in dem sich ebenso viele Frösche befanden wie der Schneider Goldmünzen in seiner Tasche hatte. Hier machte der Mann eines Abends, als er vom Wirtshaus kommend den Heimweg antrat, unter einer alten Weide Rast und dachte darüber nach, wie er den Teufel vielleicht doch noch überlisten könnte.

Von der Kirche klang das Abendläuten an des Schneiders Ohr und als es verstummte, trat der Teufel zu ihm und sprach: „Sieben Jahre war ich dir nun zu Diensten, wie ich es versprochen habe. Nun erfülle du deine Pflicht und übergib mir deine Seele." Der Schneider zog seine Taschenuhr hervor, blickte auf das Ziffernblatt und entgegnete: „Noch hast du mir eine halbe Stunde zu dienen. Ich will dir eine letzte Aufgabe geben, bevor du meine Seele bekommst." Er trug dem Teufel sodann auf, alle in dem Weiher befindlichen Frösche auf einen Stamm jener Weide zu setzen, unter welcher der Schneider saß.

Als der Schneider diesen letzten Wunsch vorgetragen hatte, lachte der Teufel laut auf und sprach: „Ach, guter Mann. Wenn du sonst keine Sorgen hast, so ist dir leicht zu helfen." Ohne Zögern sprang er in den Teich und kam, beide Hände voll mit Fröschen, sogleich wieder heraus. Nachdem die ersten zehn Tiere auf den Weidenstamm gesetzt waren, begab sich der Teufel abermals in den Weiher und kam, in jeder Hand mindestens sieben Frösche haltend, wieder ans Ufer. Aber als er die Tiere zu den anderen auf den Stamm der Weide setzen wollte, waren jene Frösche, die er zuvor dorthin gebracht hatte, allesamt wieder ins Wasser zurückgesprungen.

Immer schneller versuchte nun der Teufel, die ihm gestellte Aufgabe zu erfüllen. Aber immer schneller sprangen die Frösche, die er auf den Weidenstamm setzte, in den Kleuelsweiher zurück. So kam es, dass nach einer halben Stunde die Kirchenglocken erneut schlugen und der Teufel seine letzte Aufgabe nicht erfüllt hatte. Tobend vor Wut fuhr er ohne die Seele des Schneiders in die Hölle. Der Schneider wurde von nun an fleißig arbeitend in seiner Werkstatt und nicht mehr trinkend in den Wirtshäusern gesehen.

Der Zwerg und der Bauer

Wer mit dem Auto oder Fahrrad entlang der Straße von Schlebusch nach Rothbroich fährt, stößt, nahe an der Dhünn gelegen, auf den Hummelsheimer Hof, einem Gutshof, dessen Geschichte bis ins Jahr 1648 zurückreicht. Was sich einst hier zugetragen haben soll, hat die hier lebende Bevölkerung noch zweihundert Jahre später berichtet. Ein damals bekannter Dichter und Sammler von Volksliedern und Märchen, auf den extravaganten Namen Anton Wilhelm Florentin von Zuccalmaglio getauft, weshalb das einfache Volk den im oberbergischen Waldbröl Geborenen kurz Wilhelm von Waldbröl oder noch kürzer Dorfküster Wedel nannte, hat zu Papier gebracht, was einst mündlich überliefert wurde:

Der erste Gutsherr, der den neu errichteten Hummelsheimer Hof sein Eigen nannte, wandelte eines schönen Herbstabends, wenige Tage, nachdem Haus und Stallungen ihrer Bestimmung übergeben worden waren, durch den nahe gelegenen Wald, um die nähere Umgebung zu erkunden. Da stellte sich ihm unversehens ein Zwerg in den Weg, lüftete sein Hütchen zum Gruße und bat den Herrn, doch seinen Pferdestall um einige Meter zu verlegen, weil dieser sich gerade über seiner Erdwohnung befinde und die Notdurft der Tiere sein Heim verunreinige.

Der so Angesprochene zeigte sich brüskiert und schimpfte laut und wild gestikulierend, sodass der kleine Wicht es vorzog, ins nächste Gebüsch zu springen. Aus sicherer Entfernung erneuerte der Zwerg seine Bitte, fügte dieser nun aber an: „Wenn du nicht tust, worum ich dich gebeten habe, so kann ich für das Leben deiner Tiere nicht garantieren."

Unbeeindruckt von dieser Warnung ging der Herr von Hummelsheim seines Weges. Selbst als er am nächsten Morgen Stuten wie Gäule ermattet und in schlechter Verfassung vorfand, brachte er dies nicht mit der Ermahnung des kleinen Mannes in Verbindung. Als sich der Zustand der Pferde auch am Abend noch nicht gebessert hatte, machte sich der Gutsherr erneut auf in den Wald, diesmal, um für die Tiere heilende Kräuter zu suchen. Da stand plötzlich wieder der Zwerg vor ihm, lüftete sein Hütchen wie schon am Vortag freundlich zum Gruße und bat abermals darum, den Pferdestall doch um ein Weniges zu versetzen, da die Rosse seine unter dem Stall gelegene Wohnung verschmutzten.

Wieder stieg arge Wut in dem Hummelsheimer hoch und wieder nahm der Zwerg Reißaus, um sich vor dem lauten, mit seinen Fäusten drohenden Manne zu schützen. „Wenn du den Stall auch heute nicht verlegen willst, so werden deine Pferde bald schon sterben." Der Gutsherr aber, der das Unwohlsein seiner Tiere nicht mit dem Wink des Wichtes zusammenbrachte, achtete nicht weiter auf das unscheinbare Wesen und setzte seinen Weg tiefer in den Wald hinein fort, um heilende Pflanzen zu sammeln.

Als der Besitzer des Hofes aber am nächsten Morgen den Stall betrat, fand er einen seiner Hengste tot am Boden liegend und die anderen Tiere dem Sterben nahe.

In Furcht um seine Tiere lief der Mann sogleich in die Kammer, ergriff den größten Korb seiner Frau und begab sich damit in den Wald, um noch mehr und heilsamere Pflanzen zu sammeln. Kaum aber war er in das Dunkel der Bäume eingedrungen, als auch schon der Zwerg vor ihn trat und fragte, ob er sich nun eines Besseren besonnen hätte. Da er nicht auch noch die anderen Gäule verlieren wollte, versprach er nun, noch selbigen Tages mit der Verlegung des Stalles zu beginnen.

So geschah es, dass der Gutsherr, als er den Hummelsheimer Hof wieder erreichte, alle seine Pferde, mit Ausnahme des dahingeschiedenen, froh und munter beisammen fand. Noch zu dieser Stunde ließ er einen Maurer kommen, der den Tieren in einiger Entfernung vom alten Stalle ein neues Heim anlegte.

Kurfürstlicher Hunger

Wenn der Kurfürst Johann Wilhelm des vielen Regierens müde war, ließ er sich mit seiner Kutsche gern zu seinem Schlosse nach Bensberg bringen. Von dort aus begab er sich zur Jagd in den nahe gelegenen Königsforst.

Einmal wagte sich der Kurfürst so tief in den Wald hinein, dass er sich verirrte. Längst war es Nachmittag und der edle Herr verspürte Hunger, hatte er doch am frühen Morgen zuletzt gespeist.

Mit leerem Magen durchstreifte er die Wälder, musste mal bergauf, mal bergab und wusste doch nicht, wie er zu seinem Schloss zurückgelangen sollte.

Endlich erblickte der Kurfürst das Haus eines Bauern, aus dem ein Geruch in die herrschaftliche Nase stieg. Es waren Erbsen und Speck, die so gut rochen. Als die Frau des Bauern den Fremden vor dem Hause erblickte, hielt sie ihn für einen fremden Jägersmann. „Komm nur zur Tür herein. Es ist genug zu Essen da, um auch dich satt zu bekommen“, ermunterte sie den Gast, in das Haus einzutreten.

Gemeinsam mit dem Bauern und dessen Frau saß er an einem groben Holztisch und nahm ein Erbsengericht mit Speck zu sich. Diese Speise, zu der es Haferbrot gab, mundete Johann Wilhelm mehr als alles, was seine Köche ihm jemals an Köstlichkeiten zubereitet hatten.

Nachdem der Kurfürst wieder in sein Schloss zurückgefunden hatte, befahl er sogleich, ihm statt der sonstigen Speisen Erbsen mit Speck zu kochen. Wie aber auch der Koch das Mahl anrichtete, es wollte nicht so gut wie in dem Bauernhaus im Königsforst schmecken.

Schließlich schickte Johann Wilhelm einen Boten, der die Bäuerin ins Schloss holen sollte, um ihm dort noch einmal ihr köstliches Gericht zuzubereiten. Aber was die Bäuerin auch kochte, es wollte dem Kurfürsten nicht wirklich schmecken.

Alle im Schloss berieten mit dem Kurfürsten und der Bäuerin, welches Gewürz der Speise wohl fehlte. Da wurde dem Herrn bald klar, welches im Königsforst die Hauptwürze gewesen war, die das Mahl zu einer Köstlich-

keit hatte werden lassen: Es war sein Hunger gewesen, den er vorher nicht gekannt hatte.

Seit der Zeit, in der sich diese Geschichte zutrug, hält sich in der Gegend von Bensberg folgender Spruch:

„Wer sich vor Arbeit nicht tut schrecken,
dem wird es wie Jan Wilhelm schmecken."

Die Bienen von Beyenburg

Im Tale der Wupper, dort wo heute idyllisch gelegen Beyenburg zu finden ist, gab es in uralten Zeiten ein Kloster, in dem Nonnen beteten und arbeiteten. Aus Gründen, die uns Nachgeborenen wohl für immer unbekannt bleiben werden, lag die benachbarte Ritterschaft im Streit mit den frommen Frauen. Beständig, also bis in unsere Tage hinein, hält sich das Gerücht, die edlen Herren hätten den oft anmutigen und graziösen Betschwestern nur allzu gern den Hof gemacht, aber diese verwehrten ihnen strikt den Einlass in ihr Domizil.

Als die adeligen Herren wieder einmal bei Wildbret und Honigwein an einer großen Tafel beisammensaßen, sprach Konrad von Elverfeldt, einer derer, der die Klosterfrauen am wenigsten leiden konnte: „Es ist mir ein Graus, hinter den Mauern des Klosters immer noch diese Nonnen zu wissen, die so geheimnisvoll tun und uns keinen Einblick in ihr Leben gewähren."

Andere Ritter, von denen einige schon reichlich dem schweren Weine zugesprochen hatten, pflichteten Konrad von Elverfeldt bei, der schließlich zum Sturm auf das Kloster aufrief: „Lasst uns dem Spuk ein Ende machen! Vertreiben wir die frommen Weiber bis jenseits der Wupper!"

Einige zu Pferde, andere zu Fuß, machten sich die knapp zwanzig Ritter auf, das Kloster zu stürmen. Mit ihren langen Lanzen und scharfen Schwertern aus bester Solinger Herstellung sahen sie zum Fürchten aus.

Die Nonnen, die nicht nur beteten, sondern auch arbeiteten, taten dies mit dem Fleiß von Bienen. Wie arbeitsam Bienen sind, wussten die Frauen genau, denn sie betrieben auch eine Bienenzucht.

Als die Bewohnerinnen des Klosters die bewaffnete Meute herannahen sahen, ahnten sie nichts Gutes und dachten darüber nach, wie sie sich

wirksam zur Wehr setzen konnten, ohne gegen Gottes Gebote zu verstoßen.

Schließlich hatte die Äbtissin, die nicht nur die älteste, sondern wohl auch die weiseste der Frauen war, die rettende Idee. Bevor die Ritter das Kloster erreichen konnten, hatten die Nonnen es mit Körben voll Bienen umstellt.

Als nun die Herren mit ihren Lanzen und Schwertern angriffslustig in der Luft herumfuhrwerkten, fühlten die Bienen sich so sehr gestört, dass sie sich mit ihren spitzen Stacheln zur Wehr setzten.

Das war ein Klagen und Stöhnen unter den edlen Herren, die von unerwarteten Gegnern in die Flucht geschlagen und davongejagt worden waren. Sie wurden im Umkreis des Klosters nicht mehr gesehen.

Die Nonnen dankten Gott und auch den Bienen, denen zu Ehren sie jenen Ort, an dem sich ihr Kloster befand, fortan Bienenburg, also nach einstigem Sprachgebrauch „Beyenburg" nannten.

Der zwergwüchsige Remscheider

In jenen Jahren, von denen die Märchen und Sagen uns noch heute berichten, fand man in fast allen Dörfern und Städten immer wieder Menschen, deren Aussehen sich von dem der anderen unterschied. Da waren Frauen mit solch runden Buckeln, dass Katzen sich darauf zum Mittagsschlaf niederließen, Männer mit solchen Spitznasen, dass sie in ihren oft engen Stuben damit Löcher in die Wände stießen und es gab Menschen, die so lang waren, dass die Kinder sich vor ihnen versteckten, da sie bedrohlich schienen.

Was der liebe Gott den einen an Länge zu viel zukommen ließ, sparte er bei anderen wohl ein. So lebte in Remscheid, unweit der dortigen Kirche, ein Mann, der war so klein, dass man ihn einen Zwerg nannte und sich wegen seiner Größe über ihn lustig machte.

Es stimmte den Mann sehr traurig, stets das Gespött der Menschen auf sich zu ziehen. Selbst die Frommsten und Gottesfürchtigsten, die sich am Sonntag in die Kirche begaben, lachten ihn aus, sobald sie seiner ansichtig wurden.

„Ach, wäre ich doch nicht so klein!“, klagte der Mann tagaus, tagein. Er begab sich nach Düsseldorf und Köln, um dort Ärzte zurate zu ziehen, aber niemand konnte dem Unglücklichen zu einigen Zentimetern mehr Länge verhelfen.

„Wäre ich doch nicht so schrecklich klein!“, dachte der Zwergwüchsige wieder einmal bei sich, als er eines Morgens, um den Spöttern zu entgehen, einsam die Wälder und Auen durchstreifte.

Am Nachmittag, als der Mann sich auf dem Heimweg befand, liefen alle Kinder, die ihm begegneten, laut schreiend fort und die Erwachsenen riefen einander zu: „Schaut nur, ein Riese. Da kommt ein Riese.“

Der Mann, der dies für die gewohnte Art der Menschen hielt, sich belustigt über seine Kleinwüchsigkeit zu äußern, beschleunigte seinen Gang, um schnell von der Straße fort und in seine Stube zu gelangen.

Als er sich nun dort hineinbegeben wollte, schlug seine Stirn gegen den Hausgiebel und der Mann fiel taumelnd zu Boden.

Erst jetzt erkannte er, dass sein Wunsch, nicht mehr so klein zu sein, auf sonderbare Weise in Erfüllung gegangen war. Aber dieses Wunder machte den Mann keineswegs froh. Es stimmte den Mann sehr traurig, jetzt seiner riesenhaften Statur wegen das Gespött der Menschen auf sich zu ziehen. Selbst die Frommsten und Gottesfürchtigsten, die sich am Sonntag in die Kirche begaben, lachten ihn aus, sobald sie seiner ansichtig wurden.

Ach, wäre ich doch wieder klein!“, klagte der Mann tagaus, tagein.

„Wäre ich doch nicht so schrecklich groß!“, dachte der Unglückliche, als er eines Morgens, um den Spöttern zu entgehen, einsam die Wälder und Auen durchstreifte.

Und wie er am Nachmittag wieder durch die Straßen und Gassen Remscheids kam, da war der Mann wieder so klein wie zuvor. Von nun an bis zum Ende seines Lebens war er glücklich mit seiner Gestalt, mochten die Menschen auch über seine Zwergwüchsigkeit spotten.

Pastoratstr

Der Hildener Kurfürst

Zu der Zeit, als Kurfürst Johann Wilhelm das Bergische Land regierte, wandte sich eine Abordnung Hildener Bürger direkt an den im Volke recht beliebten Landesherrn, um Klage über einen Missstand zu führen, der leider nicht bis in die Gegenwart überliefert ist.

Worum es in der Sache ging, ist für die Geschichte, die nun erzählt werden soll, von untergeordneter Bedeutung. Wichtig ist, dass Johann Wilhelm die Hoffnung, welche die Vertreter der Hildener Bürgerschaft in ihn setzten, wider Erwarten nicht erfüllte.

Zu diesen Vertretern gehörte auch ein Mann namens Wilhelm Spickenagel, der einige Wochen nach dem Besuch bei dem Landesherrn eine Komödie geschrieben und zur Aufführung gebracht hatte. Der Titel des Stückes lautete: „Empfang beim Kurfürsten" und Spickenagel höchstpersönlich schlüpfte darin in die Rolle des Herrschers.

Die Komödie hatte bei den Hildener Bürgern einen solchen Erfolg, dass sie über mehrere Wochen hinweg immer wieder aufgeführt wurde.

Nun gibt es allerorts Missgünstige, die den Menschen ihre Freuden nicht gönnen. So war es auch in Hilden nur eine Frage der Zeit, bis jemand zur Anzeige brachte, dass Wilhelm Spickenagel den Landesherrn durch sein Theaterstück beleidigt hätte.

Eines Tages flatterte den Schauspielern eine Ladung des Gerichtes zu Gerresheim ins Haus. Um sich selbst einen Eindruck von dem Lustspiel verschaffen zu können, forderte der zuständige Richter dazu auf, das Stück im Gerichtssaal zur Aufführung zu bringen.

Nun war der Richter ein kluger Mann, der bald schon erkannte, dass es sich bei dem Lustspiel um ein harmloses Treiben und nicht um einen Fall von Beleidigung des Kurfürsten handelte. Aber ganz ohne Strafe konnte er die Hildener Komödianten nicht wieder ziehen lassen. Wilhelm Spickenagel musste drei Tage in das Stadtgefängnis. Seine Mitspieler wurden mit zwei Tagen Arrest bestraft.

Als das Urteil gesprochen war, brummte Spickenagel vor sich hin: „Ja, das sind sie. So sind sie.“ Die Stimme des Hildeners war gerade so laut, dass der Richter vernehmen konnte, was er von sich gab.

„Nun“, fragte der Richter, was sind wir denn?“ Als habe er die Frage des Richters nicht vernommen fuhr Spickenagel fort: „Ja, fragen können sie. Ins Gefängnis stecken können sie. So sind sie.“

Der Richter, der sich mit dem Oberkörper nach vorne beugte und dessen Stimme nun lauter wurde, rief: „Was sind wir denn? Wir sind doch wohl nicht Lumpen und Spitzbuben?“

Jetzt strahlte der Komödiant über das ganze Gesicht und meinte: „Herr Richter, nun ist das Wort heraus und ich bin froh, dass nicht ich es gesagt habe.“

Als „Kurfürst Jan Wellem“ wurde Wilhelm Spickenagel von der Hildener Bevölkerung bis an sein seliges Ende geschätzt und schmunzelnd verehrt.

Die streitenden Dörfer

Im Tal der Agger, ungefähr dort, wo heute die Ortschaften Honsbach und Neuhonrath liegen, gab es im 13. Jahrhundert zwei Dörfer, deren Bewohner seit Jahrzehnten schon in heftigem Streit lagen und ihre Feindschaft wie Sommersprossen oder abstehende Ohren von Generation zu Generation vererbten.

Um gegenüber den anderen zu triumphieren, wandten sich die einen an den in Wahlscheid lebenden Advokaten, woraufhin die anderen sich der Hilfe eines solchen aus Schönenberg versicherten. So kam es auf der Burg Blankenberg zu so manchem Prozess, den mal die einen, mal die anderen für sich entscheiden konnten. Die eigentlichen Gewinner aber waren die beiden Advokaten, deren Reichtum mit jedem Rechtsstreit zunahm.

Je mehr der Wohlstand der beiden Rechtsvertreter stieg, umso ärmer wurden die in Zank lebenden Dörfler. Kaum einer der Bauern war noch in der Lage, Mägde und Knechte zu entlohnen, sodass diese nach und nach die Gegend verließen, um andernorts ihr Glück zu suchen.

Da die Bauern die Felder nicht allein bestellen und sich nicht allein um das Vieh sorgen konnten, brach bald beträchtliches Elend über die Bewohner herein. Die Streitsucht aber schien größer als alle Not, denn die Prozesse sollten kein Ende finden.

Längst schon hatten beide Advokaten sich stattliche Güter errichten lassen, bezahlt mit dem Lohn der Dorfbewohner. Um dem Hungertod zu entgehen, baten beide Dörfer die Herren von Auel um Kredit.

Kaum verfügten die Bewohner beider Dörfer über das geliehene Geld, als sie die Advokaten wieder beauftragten, für sie das zu erstreiten, was sie für ihr Recht hielten.

So kam der Tag, an dem die Herren von Auel die Schulden beglichen sehen wollten, die Taschen der Bewohner der beiden streitenden Dörfer aber leer waren. Da sie weder über Geld noch andere Habseligkeiten verfügten, sahen sie sich zuletzt gezwungen, den Herren von Auel ihre Felder und das Vieh zu übergeben.

Nur mit dem, was sie an ihren Körpern trugen, verließen Männer, Frauen und Kinder ihre Dörfer und zogen gemeinsam in eine ungewisse Zukunft.

Die Herren von Auel bestellten nun die Felder, züchteten das Vieh und brachten es bald zu solchem Wohlstand, dass sie sich nahe der zwei verlassenen Dörfer ein Schloss errichteten.

Wie der Teufel ins Weihwasser fiel

Der Dom zu Köln war schon immer ein beliebtes Ziel vieler Reisender. Eines Tages, als der Teufel gerade in der Stadt am Rhein weilte, wollte auch er einen kurzen Blick in das Gotteshaus werfen. Kaum hatte er den Bau betreten, da gab er einen Augenblick nicht acht und fiel – platsch – in das mit Weihwasser gefüllte Becken am Eingang des Domes hinein. Der Teufel schüttelte sich und machte, dass er ganz schnell wieder aus dem Dom herauskam.

Es war Winter und auf dem Platz vor dem Gotteshaus befand sich ein Weihnachtsmarkt. Ein frostiger Wind blies die Schneeflocken vor sich her und dem Teufel, der sich in seinem nassen Rock davonstahl, klapperten vor Kälte die Zähne. Aber sosehr er auch fror, traute er sich doch nicht, zurück in die Hölle zu fahren. „Die Großmutter würde sehr mit mir schimpfen, wenn ich mit der nassen und nach Weihwasser stinkenden Kleidung heimkomme", dachte der Teufel. Dann schlich er sich in eine Backstube, in der es am Ofen recht warm war. Dort versteckt, ließ er seine Kleidung trocknen.

Als der Rock von der Wärme des Backofens getrocknet war, begab sich der Teufel gut gelaunt zurück in die Hölle. Als er aber in die Hölle eintrat und die Großmutter ihn erblickte, wurde deren Gesicht vor Ärger schwefelgelb. „Wie siehst du denn schon wieder aus? Wonach riechst du so entsetzlich? Hast du dich schon wieder in einer Kirche herumgetrieben?", fauchte die Alte. Da erzählte der Teufel von dem Missgeschick, das ihm im Dom zu Köln passiert war.

„Zieh den Rock aus! Ich will ihn sogleich reinigen", sprach die Großmutter. Mit zwei Fingern fasste sie das Kleidungsstück und trug es zu jener Stelle, an der der dicke Höllenschlamm entlangläuft, streute geschnittene Hundehaare und geraspelte Pferdehufe auf den Rock und wusch diesen. Dann ließ die Großmutter die Kleidung am Höllenfeuer trocknen.

„So, jetzt ist dein Rock wieder sauber. Jetzt kannst du dich in anständiger Gesellschaft sehen lassen.", sprach sie zum Teufel.

Niemand hat ihn jemals wieder im Kölner Dom gesehen.

Der Geiger von Monheim

Einst, als CD-Player und Diskotheken noch darauf warteten, erfunden zu werden, war es für das einfache Volk nicht selbstverständlich, Musik hören zu können. Zwar gab es in den Schlössern und Burgen des Bergischen Landes Musikanten, die für die Herzöge, Grafen und Rittersleute spielten, aber die einfachen Handwerker und Bauern hatten kaum Gelegenheit, schönen Melodien zu lauschen.

Nun gab es einige wenige Musikanten, die an keinem bestimmten Ort wohnten, die von Dorf zu Dorf zogen und darauf hofften, für das Blasen der Trompete, das Schlagen der Trommel oder das Zupfen der Laute einige Taler von ihren Zuhörern zu bekommen.

Vor mehr als vierhundert Jahren war es, dass die Menschen in Monheim, das damals ein kleines Dorf am Rhein war, wieder auf jenen Geiger warteten, der jeden Sommer den Weg zu ihnen fand und auf seinem Instrument zu spielen verstand wie sonst keiner.

Jung und Alt fanden dann zusammen, um den Weisen anderer Völker und Kulturen zu lauschen. Der Geiger lehrte die Monheimer Tänze, die zuvor niemand von ihnen gekannt hatte.

Den Dominikanern, die es am Orte gab, war der fremde, im Dorf beliebte Musikant nicht geheuer und sie verbreiteten das Gerücht, dass es sich um einen Hexenmeister handelte. Als der Geiger von der Verbreitung solcher Lügen erfuhr, kehrte er Monheim den Rücken und wurde auch im Sommer des folgenden Jahres dort nicht gesehen.

Im Volk, das vergeblich auf seinen Geiger, neue Melodien und Tänze wartete, machte sich Enttäuschung, ja Trauer breit.

Umso größer aber war die Freude, als die Menschen den Geiger an einem Sonntag im Herbst, als sie gerade von der Messe kamen, auf der anderen Seite des Rheines erblickten. Ihre Freude war so groß, dass sie ihm zuriefen und zuwinkten, er möge doch zu ihnen kommen, für sie musizieren und sie neue Tänze lehren.

Auch dem aus der Fremde kommenden Musikanten schien beim Anblick der Monheimer warm ums Herz geworden zu sein. Um keine Zeit zu verlieren, watete er vom jenseitigen Ufer durch den Rhein, der nach den regenarmen Monaten des Sommers nur wenig Wasser führte.

Bei den Dorfbewohnern angelangt, spielte er sogleich sein Instrument mit jenem Können, das die Menschen hier seit vielen Jahren gewohnt waren und vermisst hatten.

Die Dominikanermönche aber, die das Treiben mit Argwohn beobachteten, wandten sich noch zur selben Stunde an Heinrich von Lohhausen, den Amtmann zu Monheim, und verlangten, den Geiger ins Gefängnis zu stecken. Dass er den Rhein durchschritten habe, beweise Fähigkeiten, über die nur ein Hexenmeister verfügen könne. Sie ließen ganz außer Acht, dass bei dem Wasserstand des Rheins im Sommer jener Zeit jedes Monheimer Kind den Fluss ohne Hilfe des Teufels hätte durchqueren können.

Noch am Abend selbigen Tages hatte der Geiger das Dorf verlassen und wurde dort nie wieder gesehen.

Bis heute erzählen sich manche Monheimer, deren Vorfahren bereits vor vielen Hundert Jahren hier lebten, immer dann, wenn das Wasser des Rheins wieder einmal recht niedrig ist, die Geschichte von dem fremden Geiger, der dem hiesigen Volk große Freude bereitet hatte.

Warum die Solinger Schleifer krumme Beine bekamen

Wenn man nach Solingen kommt und dort durch die Wälder im Tal der Wupper oder entlang der vielen Bäche wandert, so trifft man hier und da auf einen alten Kotten, in dem vor vielen, vielen Jahren Schleifer ihrem Handwerk nachgegangen sind.

Es war eine recht schwere Arbeit, die von den Schleifern geleistet werden musste, aber ihr Lohn war gering. Einige von ihnen, die mehrere Kinder zu versorgen hatten, wussten oft nicht, wie sie die Familie von ihrem wenigen Geld ernähren sollten. Da gab es dann kein Fleisch und kein Gemüse, weder Kartoffeln noch Salat zu essen. Stattdessen kam Tag für Tag Reisbrei auf den Tisch.

Ein Schleifer, der seinen Kotten in Balkhausen hatte, war Vater von neun Kindern, fünf Mädchen und vier Jungen, sodass mit ihm und seiner Frau elf Mäuler gestopft sein wollten.

In der Küche der Schleiferfamilie stand ein alter Topf, der viel zu klein war, um darin genügend Reisbrei für alle zu kochen.

Nun wohnten jenseits der Wupper, in der Nähe von Glüder, Heinzelmännchen, die in ihrem Häuschen einen Raum, gefüllt mit Töpfen, großen und kleinen, besaßen. Und weil der Schleifer die Heinzelmännchen mochte und diese den Schleifer, half man einander, wo man helfen konnte.

Jedes Mal, wenn die Heinzelmännchen dem Schleifer einen ihrer großen Töpfe geliehen hatten, erhielten sie ihn mit einer großen Portion Reisbrei darin zurück. Das freute die kleinen Kerle, die in mancher Nacht in den Schleiferkotten ihres Nachbarn schlichen und alle Arbeit verrichteten, für die ein Mensch eine ganze Woche benötigt hätte.

Einige der anderen Schleifer erfuhren von der Freundschaft ihres Kollegen mit den Heinzelmännchen. „Wie angenehm wäre es doch, würden die Heinzelmännchen im Mondenschein auch in meinen Kotten kommen und mir die Arbeit abnehmen!“, dachte sich mancher von ihnen.

So kam es, dass auch andere Solinger Schleifer sich nach Glüder begaben und sich von den Heinzelmännchen Töpfe ausliehen. Als sie aber die Töpfe nach dem Gebrauch wieder zu ihren Besitzern zurückbrachten, befand sich kein Reisbrei darin. Nicht einmal gesäubert waren sie. Das ärgerte die Heinzelmännchen so sehr, dass sie die Solinger Schleifer verfluchten und ihnen krumme Beine wünschten. Und so soll es gekommen sein, dass die Schleifer im Tal der Wupper fortan mit krummen Beinen herumliefen.

Der reiche und der arme Bauer zu Kettwig

In längst vergangenen Zeiten lagen in Kettwig nebeneinander die Höfe zweier Bauern, von denen der eine sehr reich war und immerhin zwölf Schafe besaß, während der andere nur eines sein Eigen nannte. Eines Tages, als alles Gras, das auf der kleinen Wiese des armen Bauern wuchs, von seinem Tier gefressen worden war, führte er es auf die große Weide seines reichen Nachbarn, auf der neunundneunzig Schafe genug Gras zum Fressen gefunden hätten.

Als der reiche Bauer das Tier des Armen zwischen seinen zwölf Schafen weiden sah, drohte er seinem Nachbarn, dessen Schaf zu töten, sollte er es noch einmal auf seiner Weide entdecken.

Der arme Bauer war nun in großer Not, denn er verfügte über keine Nahrung, die er seinem Schaf hätte geben können, sodass das Tier immer dünner und schwächer wurde. So kam es, dass der Bauer sich gezwungen sah, das Tier abermals auf der Weide des reichen Nachbarn weiden zu lassen. Dieser machte seine Drohung wahr und tötete das Schaf.

Als der arme Bauer sein totes Tier fand, weinte er sehr und zog ihm das Fell ab, um es in Erinnerung an das Schaf in Ehren zu halten.

Im Winter ging der Bauer einmal nach Angermund. Der Weg führte ihn durch einen großen, tiefen Wald, von dem ein Teil heute noch zu finden ist. Anders als in unserer Zeit hausten in den Wäldern des Bergischen Landes damals zahlreiche Räuberbanden, die sich dort versteckt hielten. So kann es nicht verwundern, dass der arme Bauer, nachdem er bereits mehr als eine Stunde den Wald durchquert hatte, auf eine solche Bande traf.

Nun war es kein Geheimnis, dass die Räuber jedem, den sie im Wald entdeckten, alles wegnahmen, was an Geld, Gold oder anderem Wertvollen mitgeführt wurde. Als die Räuber aber den Bauern seines Weges gehen sahen, ergriffen sie laut schreiend die Flucht. Der Bauer konnte sich dieses Verhalten nicht anders erklären, als dass die Flucht der Bösewichte durch das helle Fell seines Schafes bewirkt wurde, das er der Kälte wegen über seine Schultern geworfen hatte.

Die Räuber hatten auf ihrer Flucht eine große Holzkiste hinterlassen. In die schaute der Bauer hinein, um zu sehen, was darin wohl zu finden sei. Wie staunte er beim Anblick von all dem Gold, den Münzen und all den silbernen Gefäßen, die von einem purpurnen Mantel bedeckt waren.

Als der Bauer am Nachmittag des folgenden Tages, bekleidet mit dem purpurnen Mantel und eine schwere Kiste hinter sich herziehend nach Kettwig zurückkehrte, machte sein sonderbares Erlebnis schnell die Runde im Ort. So dauerte es nicht lange, bis auch der reiche Bauer von der seltsamen Begegnung seines Nachbarn mit den Räubern erfuhr.

Der reiche Bauer, der gern noch reicher geworden wäre, dachte bei sich: „Wenn das Fell eines Schafes die Räuber in die Flucht zu schlagen vermag und sie eine Schatzkiste zurücklassen, wie muss die bösen Männer erst der Anblick von zwölf Fellen beeindrucken und wie groß mag wohl jener Schatz sein, den sie dann bei der Flucht im Wald stehen lassen?"

So ließ der Bauer keine weitere Stunde vergehen, bis er alle seine Schafe erschlagen und ihnen die Felle abgezogen hatte. Schwer beladen mit all diesen Fellen nahm der Mann nun den Weg in Richtung Angermund, quer durch den großen, tiefen Wald und es sollte nicht lange dauern, bis er die Räuber vor einer Höhle sitzend entdeckte. Vor ihnen standen zwölf hölzerne Kisten. Bedeckt mit seinen zwölf Fellen ging er auf die Bande zu, in der freudigen Erwartung, die Kisten in wenigen Augenblicken sein Eigen nennen zu können.

Am Abend kehrte der Bauer nach Kettwig zurück, aber ohne jeden Schatz, auch ohne die Felle seiner zwölf Schafe. Diese hatten die Räuber ihm abgenommen, nachdem sie ihn jämmerlich zugerichtet hatten.

Der Ritt mit dem Toten

Am Deilbach lebte einst eine Frau, die klagte gar bitterlich, als ihr Mann in hohem Alter verstarb. Ihr einziger Wunsch war es, dem Verstorbenen noch einmal zu begegnen.

Eines Nachts, als alle Menschen in ihren Betten lagen, kam der Tote auf einem Schimmel zum Hause der Frau geritten und klopfte an deren Fenster. Stumm, nur durch sein Winken, forderte er sein Weib auf, sich aus dem Haus und zu ihm auf den Schimmel zu begeben.

Die Frau, die es bereits zu Lebzeiten ihres Gemahls gewohnt war, zu tun, was dieser von ihr wünschte, saß bald schon hinter dem Verstorbenen auf dem Rücken des Pferdes. Heller Mondschein spiegelte sich auf dem Wasser des Deilbaches, als das Tier mit dem Toten und der Witwe davonstürmte.

So manche Worte richtete die Frau an ihren Mann. Er blieb aber so stumm wie Tote eben gewöhnlich stumm zu sein pflegen. Der Schimmel lief so schnell, als ginge es um sein Leben, und die Frau hatte große Mühe, sich auf dem Rücken des Pferdes zu halten.

Nachdem der wilde Ritt schon einige Stunden andauerte, färbte sich der Himmel im Osten langsam rot und es dauerte nicht lange, bis die ersten Sonnenstrahlen die Wolken durchbrachen.

„Ach, wie reitet der Tod so schnell!“, sprach nun der Verstorbene und ehe die Frau noch wusste, wie ihr geschah, waren ihr Mann und der Schimmel verschwunden. Ganz allein stand die Unglückliche nun in einer Gegend, die ihr völlig unbekannt war und der an keinen Ort erinnerte, den sie jemals zuvor gesehen hatte. Viele Jahre musste sie wandern, bis sie eines Tages zurück an den Deilbach gelangte.

Die Menschen nahe des Deilbaches, die von dem Unglück der alten Frau erfuhren, zogen daraus die Lehre, den Tod eines Menschen nicht zu sehr beklagen zu dürfen, um kein ähnliches Schicksal wie das der alten Frau erleiden zu müssen.

Die erste Obstbäuerin von Witzhelden

Zum Ende des 14. Jahrhunderts, als Witzhelden noch zum herzoglichen Amte Miselohe gehörte, hauste in einer kleinen Hütte nahe der heutigen Ortschaft Flamerscheid eine arme Witwe mit ihrem Sohn Adarik. An einem Pflock, unmittelbar neben der kärglichen Behausung, war sommers wie winters eine Kuh angebunden, die mit jenem Namen gerufen wurde, den einst der Pfarrer der Kirche Henricus ihr gab: Collactea, was in lateinischer Sprache „Milchschwester" heißt. Keinen besseren Namen hätte man für das Tier finden können, denn der Verkauf von Collacteas Milch war es, der die Witwe und ihr Kind am Leben erhielt.

Jeden Morgen, nachdem die arme Frau das Rindvieh gemolken hatte, machte sich Adarik mit einem Bottich voll mit frischer Milch auf, um diese auf dem Markt in Witzhelden zu verkaufen. Eines Tages aber geschah es, dass Collactea nicht mehr als eine kleine Kanne Milch gab und am folgenden Morgen war ihr Euter völlig versiegt, sosehr sich die Witwe auch bemühte, noch einige Tropfen zu gewinnen.

„Was soll nun aus uns werden?", klagte das Weib und sah sich und den Jungen schon elendig zugrunde gehen. Dieser aber sagte: „Ach Mütterlein, so bleibe doch guten Mutes. Gibt unsere Kuh auch keine Milch mehr, so können wir sie doch auf dem Markte an einen verkaufen, der sich an ihrem Fleisch erfreuen wird."

Am nächsten Morgen, als der Klang der Glocken über Flamerscheid bis nach Herscheid ertönte, löste die arme Witwe das Seil vom Pflock, legte es in Adariks Hand, der sich mit der Kuh auf den Weg zum Markt machte.

Etwa dort, wo heute die Glüderstraße auf Flamerscheid trifft, kam Adarik ein greises Männlein entgegen, so alt, wie wohl noch nie ein Bewohner des nahe gelegenen Heimes für Alte in Weltersbach an Jahren erreicht haben dürfte.

„Guten Morgen, lieber Adarik!“, sprach der nach vorne gebeugte kleine Herr. Sich wundernd, dass der ihm Fremde seinen Namen kannte, erwiderte der Junge: „Auch Ihnen einen guten Morgen, mein Herr!“

„Wohin des Wegs so früh am Morgen?“, interessierte sich die seltsam anmutende Erscheinung. Adarik berichtete, dass er die Kuh auf dem Markt verkaufen wolle, da sie keine Milch mehr liefere.

„Um deine Kuh an den Mann zu bringen, brauchst du nicht bis zum Markte zu gehen. Gib mir die Kuh, so will ich dir dafür sieben Apfelkerne und ebenso viele Kirschsteine geben!“, sagte das Männlein.

Da lachte Adarik und glaubte, dass es sich bei dem Angebot um einen Spaß handelte. „Du bist gewiss ein gescheiter Junge. Aber du weißt nicht, welcher Art die Kerne und Steine sind, die ich dir für deine Kuh geben möchte. Wenn du sie vor dem Sonnenuntergang in die Erde einpflanzt, so

wirst du am nächsten Morgen ein Wunder erleben", sprach der Greis und kramte die versprochenen Apfelkerne und Kirschsteine aus der Tasche seiner viel zu großen Jacke hervor.

„Warum soll ich mich auf den Handel nicht einlassen", dachte Adarik bei sich. „Die Kerne und Steine habe ich sicher. Ob ich aber die Kuh auf dem Markt loswerde, das weiß ich nicht."

So geschah es, dass das Rindvieh seinen Besitzer wechselte und Adarik stattdessen sieben Apfelkerne und sieben Kirschsteine in seiner Hand hielt.

Als der Bube daheim ankam und der Mutter von dem seltsamen Tausch berichtete, weinte diese gar sehr, sah sie nun auch noch die letzte Hoffnung dahinfahren, dass man die nächsten Wochen überleben werde. Sie nahm die Kerne und Steine, die Adarik ihr überbrachte, öffnete das Fenster der Stube und warf sie in hohem Bogen hinaus.

Traurig, der Mutter durch sein Tun noch mehr Kummer bereitet zu haben, ging der Junge schlafen.

Als Adarik in der Früh erwachte, fiel ein ungewohnter Schatten in die Kammer. Die Sonne schien hell wie schon an den Tagen zuvor. Aber es breitete sich an einigen Stellen auch eine gewisse Dunkelheit in der Stube aus. Der Junge rieb sich die Augen, wandte sich dem Fenster zu und rieb sich nun nochmals die Augen, länger und kräftiger noch als gerade zuvor. Da standen sieben Apfelbäume und sieben Kirschbäume direkt vor der Hütte, deren Äste und Zweige sich unter der schweren Last edelster Früchte bogen. Da wusste Adarik, dass der wunderliche Greis die Wahrheit gesprochen hatte. Er rief seine Mutter herbei, die das Wunder gar nicht fassen konnte.

Die Witwe und deren Sohn lebten nun vom Ertrag ihrer Obstbäume, die sich Jahr für Jahr um ein Vielfaches vermehrten und die beiden zu nicht geringem Wohlstand kommen ließen.

Das Wichtelmännchen aus Leichlingen

In längst vergangenen Zeiten soll sich das Volk der Wichtel, das in Höhlen innerhalb der zahlreichen Wälder des Bergischen Landes daheim war, in die Dörfer begeben haben und in den dortigen Häusern heimisch geworden sein, ohne dass die Menschen die Mitbewohner bemerkt hätten.

Aus dem Kirchort Leichlingen jedoch wird berichtet, dass ein Wichtelmännchen einmal seine Gegenwart offenbarte.

Während des 14. Jahrhunderts soll es sich zugetragen haben, dass Hans, der einem Müller in dessen Ölmühle zu Diensten war, durch das Tal der Wupper streifte und sich die Sonne aufs Haupt scheinen ließ. Neben dem Rauschen des Flusses war nichts zu vernehmen, außer dem Singen der Vögel, die sich wie er des schönen Wetters freuten.

Als der Bursche hinter dem Gut derer von Nesselrath innehielt, um sich am frischen Wasser zu laben, hörte er zwischen all dem Gesang von Meisen, Drosseln, Lerchen und Finken einen Vogel, der mit deutlich vernehmbarer Stimme zu ihm sprach: „Hans, sag dem Franz, sein Weibchen sei tot."

Als Hans am Abend mit der Familie des Müllers am Tisch saß und alle gemeinsam aus einer großen tönernen Schüssel aßen, erzählte er von dem sonderbaren Vogel. Als er verkündete, welchen Appell das Federvieh an ihn gerichtet hatte, war inmitten der Tischgesellschaft ein durchdringender Schrei zu vernehmen. Im nächsten Augenblick fielen ein Messer und eine Gabel zu Boden, so klein, dass ein Kind damit hätte essen mögen. Doch derjenige, der Messer und Gabel benutzt hatte, war nicht zu sehen.

Die Aufgeschreckten wunderten sich sehr und sprachen noch bis in die Nacht hinein von dem geheimnisvollen und unheimlichen Ereignis.

Sieben Tage waren vergangen, als ein ganz in schwarz gekleidetes Männchen vor der Tür des Müllers erschien und traurig, aber freundlich darum bat, ihm sein Essbesteck herauszugeben.

Zu keiner anderen Zeit und an keinem sonstigen Ort des Bergischen Landes hat man jemals wieder einen Angehörigen des Wichtelvolkes zu Gesicht bekommen.

Der göttliche Knecht

Im 13. Jahrhundert, nachdem die Herren von Hückeswagen ihr Land den Grafen von Berg übergeben hatten, lag oberhalb des Ortes, unweit des Schlosses, ein Hof. Eine Bäuerin, deren Gemahl die Welt allzu früh verlassen hatte, bewirtschaftete ihn mit Magd und Knecht. Da die Arbeit auf den Feldern, Äckern und in den Ställen viel Mühe kostete, in der Küche jedoch Schmalhans Küchenmeister war, hielt es das Gesinde kaum mehr als drei Monate auf dem Hof aus. Die Bäuerin musste immer wieder aufs Neue nach einer kräftigen Magd und einem starken Knecht Ausschau halten.

Kaum hatte sich das gerade eingestellte Dienstpersonal mit der Arbeit vertraut gemacht, war es schon wieder fort. Dies trug sich immer wieder und so lange zu, bis sich eines Tages das Folgende auf dem Hof ereignete:

Da sich der Bauernhof auf einer Anhöhe befand, der Brunnen, der von einem der Wupper zufließenden Bach gespeiste wurde, jedoch im Tal zu finden war, war es jedes Mal sehr beschwerlich, Wasser zum Hof zu bringen. Um das Gesinde nicht von der noch mühseligeren Arbeit auf dem Hof abzuhalten, übernahm es die Bäuerin stets selbst, für frisches Wasser zu sorgen.

Nun hatte die Bauersfrau neben dem Gewicht der vollen Eimer auch noch das eigene, welches beträchtlich war, den Berg hinaufzuschaffen, was ihr regelmäßig den Schweiß auf die Stirn trieb und sie keuchend machte.

Etwa auf halber Höhe zwischen Brunnen und Hof stand eine alte Weide, unter der das Weib einige Minuten zu verschnaufen pflegte. Gewöhnlich seufzte sie dann: „Ach Gott, wenn ich doch schon bei meinem Manne im Himmel wäre!“

Als eines schönen Tages wieder einmal ein neuer Knecht seinen Dienst angetreten hatte, blieb ihm diese Angewohnheit der Bäuerin ebenso wenig verborgen wie die Tatsache, dass die Mahlzeiten, die das Gesinde vorgesetzt bekam, mehr als dürftig waren.

Nun trug es sich zu, dass die Bauersfrau sich wieder einmal auf den kräftigen, stark verzweigten Wurzeln der Weide niederließ und die zwei schweren Eimer neben sich abstellte. „Ach Gott, wenn ich doch schon bei meinem Manne im Himmel wäre!“, klagte sie gewohnheitsmäßig. „Du willst in den Himmel kommen? Niemals!“, ertönte da eine Stimme, die der Frau den Schreck in alle Glieder fahren ließ, glaubte sie doch, dass Gott höchstpersönlich das Wort an sie gerichtet hatte.

„Lieber Gott, warum soll ich denn nicht Aufnahme im Himmel finden?“, fragte die Bäuerin, die sich zwischenzeitlich betend neben die beiden Eimer gekniet hatte. „Du bringst mir nicht genug Fleisch auf den Tisch“, erhielt sie zur Antwort. Da lobte die Frau Besserung und machte sich sogleich auf, um ein festliches Mahl zu bereiten. Der Knecht kletterte nach einer Weile vom Baum hinunter, um auf dem Acker den Roggen einzuholen. Von nun an erhielten die Magd und der Knecht stets ausreichend zu essen und sie blieben der Bäuerin treu bis ins hohe Alter.

Die drei faulen Burschen

Es geschah an einem Mittag im Oktober, als die Sonne nochmals ihre ganze Kraft unter Beweis stellte, dass ein Wanderer, von Duisburg auf dem Weg nach Düsseldorf, die Reichsstadt Kaiserswerth passierte. Da sah er drei Burschen am Ufer des Rheinstromes liegen, alle viere von sich gestreckt und die warme Luft genießend.

„Durch Schlemmerei und Schlaf und Müßiggang wird alle Tugend aus der Welt vertrieben", wusste der Wanderer, der sich bemühte, selbst ein tugendhaftes Leben zu führen, den Dichter Petrarca zu zitieren. Er sprach die drei Burschen an: „Wer von euch ist denn der Faulste? Dem will ich einen Taler schenken."

Zwei der Burschen, die eben noch den Herrgott einen guten Mann sein gelassen und sich in der Sonne geräkelt hatten, sprangen sogleich auf, um den Fremden zu überzeugen, jeweils der Faulste zu sein. Der dritte Bursche aber blieb liegen, als habe er das Angebot des Wanderers gar nicht wahrgenommen.

Zu dem sagte der Wanderer: „Du bist gewiss der Faulste. Dir will ich den Taler geben." Ohne seine Glieder zu bewegen, ohne seine Augen zu öffnen, bat der Bursche: „Seid doch so gut und steckt mir den Taler in die Tasche."

Angesichts solcher Faulheit kam dem Fremden ein Schmunzeln über das Gesicht. Er beugte sich über das Faultier und steckte ihm einen Taler in die rechte, einen in die linke Hosentasche.

So durfte sich der Bursche freuen, mit seiner Faulheit Geld verdient zu haben.

Die alte Hexe und der künftige Dichter

„Die Stadt Düsseldorf ist sehr schön und wenn man in der Ferne an sie denkt, und zufällig dort geboren ist, wird einem wunderlich zumute. Ich bin dort geboren und es ist mir, als müsste ich gleich nach Hause gehn. Und wenn ich sage nach Hause gehn, dann meine ich die Bolkerstraße und das Haus, worin ich geboren bin“, schrieb der 30 Jahre alte Heinrich Heine im Jahr 1827.

Er war das älteste von vier Kindern eines recht wohlhabenden Tuchhändlers. In dessen auf der Bolkerstraße gelegenes Haus begehrte beinahe allwöchentlich eine alte, von Elend und Armut gezeichnete Frau Einlass. Sie wollte einige Münzen erbetteln, die der Vater Heinrich Heines stets gern gab.

Nun wurde die alte Frau im Laufe der Jahre zunehmend gebrechlicher und sie hätte sich nicht mehr allein fortbewegen können, wäre da nicht ihr Enkel, Jupp genannt, gewesen, der sie begleitete und stützte.

Als die Bettlerin gemeinsam mit dem Kind im Haus der Heines erschien, gab Samson Heine, der Vater des kleinen Heinrich, nicht nur der Frau, sondern auch dem Jungen einige Münzen. Die alte Frau tat wegen dieser Geste hocherfreut und schmeichelte, indem sie die Schönheit Heinrich Heines rühmte und versprach, am folgenden Sonntag in der Kirche den Herrgott zu bitten, Heinrich nie Hunger leiden zu lassen. „Geh Jupp, küss dem schönen Kind die Hand!“, wandte sich die Alte an ihren Enkel, der einer jener Jungen war, die die Straßen Düsseldorfs unsicher machten und auch mit Heinrich schon manche Rauferei angezettelt hatte. Der Tunichtgut folgte jedoch der Aufforderung seiner Großmutter und küsste Heinrichs Hand, ohne dass wir daraus folgern dürfen, er habe den schönen Heinrich am nächsten Tag von seiner Prügel verschont.

Wenige Wochen später, als die Frau mehr als achtzigjährig verstarb, hieß es in den Straßen und Gassen um die Sankt-Lambertus-Kirche, eine Hexe habe ihr Leben verloren.

Während die Eltern Heinrich Heines nichts von solchem Gerede wissen wollten, war das Kindermädchen, von Heinrich „Zippel" genannt, fest davon überzeugt, dass die verstorbene Bettlerin eine Hexe gewesen sei. Ebenso sicher zeigte sie sich, dass der kleine Heinrich von ihr mit einem bösen Fluch belegt worden war, denn es sei für ein Kind in höchstem Maße gefährlich, von einer Hexe für schön befunden zu werden.

Nun kannten die, die an die Existenz von Hexen glaubten, gleich auch wirksame Mittel, um dem Schadenszauber einer Hexe zu begegnen. Um den kleinen Heinrich vor Schaden zu schützen, spuckte das Kindermädchen ihm dreimal kräftig auf den Kopf. Ganz schien Zippel ihren eigenen Fähigkeiten allerdings nicht zu trauen, denn am folgenden Tag nahm sie den Jungen an die Hand und begab sich mit ihm in das Haus einer Frau, der man nachsagte, sie sei eine Hexe. Gegen eine von dem Kindermädchen entrichtete Gebühr ließ die vermeintliche Hexe einen dicken Tropfen eigenen Speichels auf ihren Daumen tropfen, mit dem sie den Scheitel des armen Heinrich bestrich. Dabei murmelte sie, wie der spätere Dichter einmal berichten sollte, unverständliche Zauberformeln vor sich hin.

Die dankbare Fremde

Zwischen Quettingen und Opladen befand sich während des frühen 17. Jahrhunderts, als sich das Folgende zugetragen haben soll, eine ausgedehnte Heidelandschaft, auf der Schäfer aus Bergisch Neunkirchen, Burscheid, Hitdorf und Monheim ihre Schnucken weideten. Zwischen vereinzelt stehenden Kiefern, üppigen Wacholdersträuchern und Heidekrautbüschen lebten Bauersleute in einer kleinen Hütte. Als sich einmal der Bauer in Leichlingen aufhielt, weil es dort die schmackhaftesten Wupperfische zu kaufen gab, erblickte die Bäuerin nahe des Ziehbrunnens ein in schwarze Tracht gekleidetes Weiblein, das von einem kleinen verspielten Hündchen umsprungen wurde. Freundlich grüßte die Fremde, sodass die beiden Frauen bald ins Gespräch kamen.

Nachdem man über das Wetter und die neue Mode gesprochen hatte, die Magdalena von Bayern, die Gemahlin des bergischen Herzogs Wolfgang Wilhelm, am Hofe zu Düsseldorf trug, erzählte die Unbekannte, die in einen schlichten dunklen Umhang gehüllt war, dass sie in wenigen Tagen Mutter werde. Sie habe sich in einer im nahen Walde gelegenen Hütte niedergelassen und hoffe, dass die Bäuerin ihr bei der Entbindung beistehen werde.

Die Bauersfrau, die schon so manches Mal Hand angelegt hatte, wenn es im Stall zur Geburt von Kälbern, Fohlen und Ferkeln kam, willigte sogleich ein, wusste aber nicht, wie sie Nachricht erhalten sollte, wenn die Ankunft des neuen Erdenbürgers bevorstehe. „Ist die Zeit gekommen, so werde ich dir mein Hündchen schicken. Das Tier wird dich zu mir führen", meinte die auf die Niederkunft Wartende und zog ihres Weges.

Zwei Tage waren vergangen, als der Bauer sich am Abend vor dem Haus sein Pfeifchen anzündete und zuschaute, wie die Sonne hinter dem nahe gelegenen Wald unterging. Nach harter Arbeit auf dem Feld genoss er gerade die Ruhe, als ein kleiner Hund auf ihn zulief, ihn immer wieder aufs Neue ansprang und dabei bellte, als ginge es um Leben oder Tod.

Der Bauer, der sich durch das ungestüme Tier gestört fühlte, versuchte dieses zu verscheuchen. Der kleine Hund aber erwies sich als sehr hartnäckig. Erst als der Mann sich wieder in sein Haus begab, um ein wenig in der Rheinischen Post zu lesen, verließ er den Hof und verschwand.

Als der Bauer seiner Frau während des Abendessens von seiner Begegnung mit dem Hund berichtete, wurde sie kreidebleich, steckte ihre Füße geschwind in die neben der Tür stehenden Holzschuhe und eilte in den Wald. Dort lief ihr der Hund schon bald in freudiger Erregung entgegen und führte sie zu einer Hütte, aus der sie Klagen und Stöhnen vernahm. Die Bäuerin kam gerade recht, um zu helfen, das Kind zur Welt zu bringen.

Noch reichlich erschöpft, wandte sich die junge Mutter an die Bäuerin: „Wie soll ich dir deinen Beistand entlohnen? Ich bin doch ein armes Weib. Nehmt das hier zum Andenken an diese Stunde." Indem die fremde Frau solches sprach, überreichte sie der Bauersfrau einen schweren Stein, der nicht anders zu sein schien als jene, die man am Rand der Feldwege hundertfach liegen sehen konnte. Die Landfrau bedankte sich artig und legte den Stein auf die Fensterbank der Stube.

Als am nächsten Morgen die Glocken von Sankt Remigius den Sonntag einläuteten und die Dörfler sich nach Opladen zur Messe begaben, hielten manche von ihnen vor dem Fenster des Bauernhauses inne und bestaunten den jenseits der Scheibe liegenden Stein. Da warfen auch die Bauersleute einen Blick auf den Stein, der sich über Nacht in einen Klumpen reinen Goldes verwandelt hatte und sie bis zum Ende ihrer Tage ohne Elend und Not leben ließ.

Gunhild

Wer einmal einen Ausflug an den Niederrhein unternommen hat, der wird bemerkt haben, dass in dieser durch Kargheit geprägten Landschaft eine große Menge an Schlössern und Burgen zu finden sind, die nicht alle die Bekanntheit von Schloss Moyland bei Bedburg-Hau, der Ringenburg in Hamminkeln oder der bei Kalkar gelegenen Burg Boetzelaer erlangten.

Die beträchtliche Zahl herrschaftlicher Häuser, die in einiger Nähe zum Rhein liegen, bevor dieser aus Deutschland in die Niederlande fließt, deutet darauf hin, dass hier einst viele Adelsgeschlechter ihre Heimat hatten. Einem solchen entstammte auch eine schöne Jungfrau, die von ihren Eltern auf den Namen Gunhild getauft worden war.

Irgendwo nahe der Schwanenburg zu Kleve soll Gunhild, der schon während ihrer Kindheit und frühen Jugend besondere Frömmigkeit und Tugendhaftigkeit nachgesagt wurde, zum Anfang des 14. Jahrhunderts gelebt haben.

Ihr strenger Glaube brachte es mit sich, dass die zur jungen Frau herangereifte Gunhild sich ihrer vielen Verehrer erwehrte und niemandem die Ehe versprach, sondern ihr Leben einzig und allein in den Dienst Gottes stellen wollte. So kam es, dass die adelige Schönheit um Aufnahme im Kloster zu Gräfrath nachsuchte und dort bald als eine der gottergebensten Nonnen galt.

Wer von uns dürfte mit Recht behaupten, nicht schon einmal einer Versuchung erlegen zu sein! Deshalb wollen wir Nachsicht üben auch mit Gunhild, die eines Tages abkam vom Pfad der Tugend, den sie zuvor allezeit so sicher beschritten hatte.

Es trug sich nämlich zu, dass die schöne Nonne die Liebe eines jungen Mönchs entfachte, der auf seinem Pilgergang nach Aachen im Gräfrather Kloster Rast machte. Er war von der Erscheinung Gunhilds so angetan, dass er noch am Tage seiner Ankunft sein Gelübde vergaß und nichts mehr begehrte als ein gemeinsames Leben mit dieser anmutigen Jungfrau.

Nun ereignete sich das Unvermutete, das Unerwartete: Gunhild, die bisher so unempfänglich für alles Liebeswerben gewesen war, fand ihrerseits Gefallen an dem Ordensmann. So sollte es geschehen, dass beide im Dunkel der Nacht heimlich das Kloster verließen. Ihre Absicht war es nicht etwa, den Pilgergang nach Aachen gemeinsam fortzusetzen. Nein, ihr Weg führte in Richtung der Freien Reichsstadt Köln, von der aus sie durch die Dörfer rheinaufwärts bis kurz vor Braubach zogen.

Aber schon in Linz gingen dem verliebten Mönch die letzten Taler aus, die zwar für ihn allein bis nach Aachen gereicht hätten, deren Menge aber nicht groß genug war, um zwei Menschen für mehr als eine halbe Woche Speis, Trank und Herberge zu sichern. Bald schon litten Mönch und Nonne großen Hunger, sodass der Ordensgeistliche sich gezwungen sah, gegen eines der zehn Gebote zu verstoßen und Brot, Wein und einige Münzen zu stehlen.

In nahezu jedem Weindorf, das beide durchquerten, entwendete der Mönch Geld und Gut, welches er unter seiner langen braunen Kutte geschickt zu verstecken wusste. Es schien, dass der Bruder mehr und mehr Gefallen an der Mauserei fand. Längst schon nahm er den Winzern und dem anderem Volke mehr, als es seines und Gunhilds Überlebens willen bedurfte.

So kam es, dass der Mönch sich abends in den verruchtesten Weinstuben und Wirtshausern herumtrieb und in fröhlicher Runde mit allerlei verwegenen Gestalten gesehen wurde, um sein Diebesgut zu Geld zu machen.

Gunhild betrachtete das Treiben ihres Begleiters mit Argwohn, war ihr doch sehr bewusst, dass dessen Tun Gott nicht gefallen konnte. Die Dieberei aber nahm kein Ende und alles Bitten und Flehen Gunhilds brachten den Mönch nicht davon ab, sich immer mehr fremdes Gut anzueignen.

Der traurigen Wirklichkeit ins Auge sehend, entschloss sich Gunhild eines Abends, als sich der Gottesmann wieder einmal in einer Spelunke herumtrieb, reumütig ins Kloster zu Gräfrath zurückzukehren und ihr sündhaftes Tun zu bekennen.

Tage und Nächte vergingen, die die Unglückliche hungernd und frierend überstehen musste, bis sie eines späten Abends vor der Pforte des Klosters stand und Einlass begehrte. Als sie nur wenige Minuten später vor der Äbtissin stand, um ihre Verfehlungen einzugestehen und Abbitte zu leisten, schaute diese sie fragend an. Es kam der Äbtissin gerade so vor, als ob Gunhild im Fieber redete. Denn Gunhild, so glaubte die Äbtissin, hatte sich fromm und arbeitsam alle Zeit im Kreise ihrer Ordensschwestern befunden.

Gunhild konnte die glückliche Wendung nur als Zeichen der Gnade Gottes werten und führte fortan einen noch untadeligeren Lebenswandel, als sie es vor der Begegnung mit dem Mönch bereits getan hatte.

Der Bauer von Odenthal und die weiße Frau

Als vor gut eintausend Jahren die Franken jene Gegend besiedelten, die heute als Bergisches Land bekannt ist, errichteten sie ihre Behausungen vornehmlich unweit der Flüsse und Bäche, mit denen die Region schon zu damaliger Zeit reich gesegnet war. So entdeckten einige von ihnen auch die Gegend entlang der Dhünn für sich. Hier wollten sie sich niederlassen und fortan von Jagd und Fischfang leben.

Werden wir heutigen Menschen zuweilen von Zeitgenossen gefragt, wie es uns geht, so antworten wir nicht selten: „Ich könnte Bäume ausreißen." Die fränkischen Siedler, die sich einst im heutigen Odenthal niederließen, hatten solche Arbeit tatsächlich zu verrichten, um den Landstrich bewohnbar zu machen. Dort, wo einst dichte Wälder die Landschaft prägten, entstanden Flussauen, in denen die fleißigen Bewohner Felder angelegt hatten.

Um das Jahr 1250 soll sich ein junger Bursche namens Nickell, der bei einem Bauern in Anstellung war, in Elssin, die einzige Tochter eines reichen Gutsbesitzers, verliebt haben. Diese soll so schön gewesen sein, dass selbst die in der Dhünn treibenden Fische auf ihrem Weg von Menrath nach Hummelsheim innehielten, um der anmutigen Jungfrau ansichtig zu werden, wenn sich ihr Glanz einmal auf dem Wasser des kleinen Flüsschens spiegelte.

Auch Elssin liebte den jungen Nickell. Der Vater wollte sein Kind aber nicht einem so armen Kerl zur Gemahlin geben. Er hoffte darauf, dass einer der mit dem Kirchspiel belehnten Herren von Strauweiler Elssin zu seiner Frau nehmen würde.

Die Möglichkeiten der Liebenden sich zu treffen, waren begrenzt. Nur sonntags, wenn die ebenso schöne wie tugendhafte Jungfrau sich in die Kirche begab, mochte es geschehen, dass sie einander begegneten und heimlich ein paar zärtliche Worte wechseln konnten.

Der Weg zwischen Elssins Heim und der Kirche führte entlang eines Auenwaldes, den eben jener Herr sein Eigen nannte, in dessen Diensten Nickell stand. Eines Tages trug der Bauer seinem Knecht auf, einige der Bäume abzuholzen. Gern hatte der Bursche diese Arbeit trotz aller Mühsal übernommen, denn es bot sich ihm dabei die Gelegenheit, Elssin des Öfteren zu erblicken und, sollte deren Vater nicht zugegen sein, die Geliebte auch kurz zu sprechen.

Nun waren es wenigstens dreißig Bäume, die gefällt werden sollten, sodass die Arbeit mehr als eine Woche in Anspruch nahm. Eines Abends, als Nickell nach getaner Arbeit gerade die Axt über seine Schulter gelegt hatte, um sich heimwärts zu begeben, erschien ihm eine ganz in Weiß gekleidete Frau. Sie hob den rechten Arm, wies mit dem Zeigefinger in die Richtung einer alten knorrigen Eiche und sprach zu Nickell: „Haue noch heute diesen einen Baum um, so wirst du morgen an seiner Stelle einen Schatz finden, der nur für dich bestimmt ist."

Ehe der verschreckte Bursche wusste, wie ihm geschah, war die weiße Frau ebenso rasch verschwunden wie sie kurz vorher erschienen war. Wie ihm geheißen, legte er die Axt an den Stamm der Eiche und hackte sie um.

Am folgenden Tag, als Nickell wieder in den Wald ging, fand er inmitten des Wurzelwerks des am Vorabend gefällten Baumes eine hölzerne Kiste, in der sich mehrere Klumpen puren Goldes befanden.

Bald schon kursierten in und um Odenthal die seltsamsten Gerüchte. So hieß es, der Bursche habe einen reichen Verwandten beerbt, der nahe der heiligen Stadt Jerusalem gelebt haben soll. Andere verbreiteten, Nickell habe beim Glücksspiel gewonnen.

Dem Vater der schönen Elssin war es einerlei, wie der einst arme Bauerngehilfe zu Reichtum gekommen war. Er hatte nun keine Bedenken mehr, ihm seine einzige Tochter zur Frau zu geben. Das Paar lebte glücklich und zufrieden, erfreute sich an sieben Mädchen und sieben Jungen, von deren Nachkommen heute noch einige wenige in den Odenthaler Ortsteilen Küchenberg und Osenau beheimatet sein sollen.

Sankt Martin und der habgierige Müller

Wir wissen nicht, bei welcher Mühle in Bergisch Gladbach sich die folgende Geschichte zutrug. Wüssten wir es, so würden wir deren Namen verschweigen. Denn glaubt man dem Volksmund, den Liedern, Redensarten und Sprichwörtern des Bergischen Landes, dann waren wohl alle Müller dieser Region untreu, betrügerisch und habgierig.

In früherer Zeit kam es nicht selten vor, dass kriegerische Horden verschiedenster Herren das Bergische Land durchzogen und plünderten und die Menschen in Elend und Not zurückließen. Nicht nur das gemeine Volk, auch jene, die als wohlhabend galten und über Haus und Grund verfügten, hatten Hunger zu leiden.

Nachdem wieder einmal fremde Söldnertruppen die Gegend um Bergisch Gladbach belagert und alle Vorräte an Lebensmitteln mit sich genommen hatten, kam die Bürgerschaft zusammen, um zu beraten, wie dem Hunger zu begegnen sei. Niemand aber hatte eine rettende Idee.

Nun gab es einen Knecht, der mit seiner Frau und sieben Kindern in einer bescheidenen Hütte hauste. Die Familie war so arm, dass ihr, sollte kein Wunder geschehen, der sichere Tod vor Augen stand. In seiner Verzweiflung begab sich der Knecht zum Müller, der sich als Einziger im weiten Umkreise trotz allgemeiner Not zu helfen wusste.

„Gib uns ein wenig von deinem Mehl, damit wir nicht Hungers sterben. Gott wird es dir ebenso danken wie wir es tun.“ Der Müller aber ließ sich durch das Bitten des armen Mannes nicht erweichen. Barsch verwies er ihn der Mühle.

Gegen Mittag klopfte ein anderer Mann an der Tür des Müllers. Es war ein reicher Bauer, der einen großen Gutshof und viele Morgen Land besaß, die sich bis ins Rheinische erstreckten. „Gib mir ein wenig von deinem Mehl, damit ich nicht Hungers sterbe. Ich werde es dir danken, in dem ich dir für jeden Sack einen preußischen Morgen Landes überlasse.“

Dieser Tausch schien dem Müller verlockend. Bevor er jedoch das Geschäft mit Handschlag besiegeln konnte, trat – wie aus heiterem Himmel – ein Reitersmann in sonderbarem Gewand zwischen den Müller und den

Bauern. Er warf Ersterem einen Lederbeutel mit tausend Goldstücken vor die Füße, wies den verdutzten Müller an, alles Mehl in Säcke zu packen und an die Bevölkerung Bergisch Gladbachs zu verteilen.

So schnell, wie der unbekannte Reiter vor der Mühle erschienen, war er auch wieder verschwunden, ritt zum Marktplatz, um allgemein bekannt zu machen, dass der Müller alles Mehl verteilen werde.

Nach wenigen Augenblicken war nicht nur der Marktplatz, sondern der ganze Ort menschenleer. Alles, was Beine hatte, eilte zur Mühle, um vom Mehl einen Anteil zu erhalten.

Als der Müller die Männer, Frauen und Kinder kommen sah, dachte er bei sich: „Nun, da niemand weiß, wie viel Mehl der fremde Reiter gekauft hat, werde ich einige volle Säcke für mich behalten."

Der Müller verteilte die Säcke, die er für die Bevölkerung vorgesehen hatte, an die Hungernden und wollte, als der letzte Sack vergeben war, in die Mühle zurückkehren. Bevor er jedoch den Griff der Tür fassen konnte, trat erneut der Reitersmann in Erscheinung und blickte den Müller strafend an. Er begab sich in die Mühle, um alle Mehlsäcke, die sich noch darin befanden, eigenhändig zu packen und an die Bevölkerung Bergisch Gladbachs zu verteilen. Kaum da dies geschehen war, ritt er in den Wald hinein und wurde nie mehr gesehen.

Niemand aus dem gemeinem Volke wusste, wer dieser Reiter gewesen war. Nur der Pfarrer hatte erkannt, wer die Menschen vor dem Hungertod errettet hatte.

In einem frommen Buch, das in des Kirchenmannes Stube neben dem Bett lag, befand sich ein Bildnis jenes Reiters. Und da sich das Berichtete just am Martinstag zugetragen hatte, zweifelte niemand an den Worten des Pfarrers, dass es sich bei dem gütigen Fremden um Sankt Martin gehandelt haben müsse.

Die Geschichte verbreitete sich schnell auch bei den anderen Müllern des Bergischen Landes. Ihre Ehrfurcht vor dem Heiligen war so groß, dass sie beschlossen, fortan am Martinstag ihre Mühlen geschlossen zu halten.

Weitere Bücher aus dem Wartberg Verlag für Ihre Region

Geschichten und Anekdoten aus Solingen
Wilhelm Rosenbaum
ISBN 978-3-8313-1817-9

Solingen - Das waren unsere 60er und 70er Jahre
Wilhelm Rosenbaum
ISBN 978-3-8313-1887-2

Unsere 60er Jahre in Wuppertal
Kurt Schnöring
ISBN 978-3-8313-1710-3

Blicke auf die Wuppertaler Schwebebahn
Michael Malicke
ISBN 978-3-8313-1926-6

Wartberg Verlag GmbH & Co. KG
Bücher für Deutschlands Städte und Regionen
Im Wiesental 1 | 34281 Gudensberg-Gleichen | Telefon (056 03) 930 50
Fax (056 03) 93 05 28 | www.wartberg-verlag.de